COLECCIÓN POPULAR

5

# HISTORIA DE LA CULTURA EN LA AMÉRICA HISPÁNICA

PEDRO HENRÍQUEZ UREÑA

# HISTORIA DE LA CULTURA EN LA AMÉRICA HISPÁNICA

COLECCIÓN

POPULAR

FONDO DE CULTURA ECONÓMICA

MÉXICO

Primera edición,                     1947
  Primera reimpresión,               1949
  Segunda reimpresión,               1955
  Tercera reimpresión,               1959
  Cuarta reimpresión,                1961
  Quinta reimpresión,                1963
  Sexta reimpresión,                 1964
  Séptima reimpresión,               1966
  Octava reimpresión,                1970
  Novena reimpresión,                1973
  Décima reimpresión,                1975
  Decimoprimera reimpresión,         1979
  Decimosegunda reimpresión,         1986

ISBN 968-16-2330-4

Impreso en México

*La América hispánica, que corrientemente se designa con el nombre de América latina, abarca hoy diez y nueve naciones. Una es de lengua portuguesa, el Brasil, la de mayor extensión territorial. Diez y ocho son de lengua española: Uruguay, Paraguay, Argentina, Chile, Bolivia, Perú, Ecuador, Colombia, Venezuela, Panamá, Costa Rica, Nicaragua, Honduras, El Salvador, Guatemala, México, Cuba, Santo Domingo. A estas naciones independientes hay que agregar la isla de Puerto Rico, donde se mantiene viva, con la lengua, la cultura de tipo español.*

*En la primera mitad del siglo xix había que contar, además, el sudoeste de los Estados Unidos, que fue miembro del imperio español hasta 1821 y después formó parte del México independiente. Desde 1848 perdió su contacto con la cultura hispánica (cosa que no ha sucedido en Puerto Rico), pero en el Estado de Nuevo México y en buena parte de los de Colorado, Arizona y Oklahoma se ha mantenido el idioma español junto al inglés, y desde 1910 su vitalidad, que ya empezaba a declinar, se ha renovado en el constante ir y venir de mexicanos que salen de su país.*

*En el Mar Caribe hay gran número de islas, grandes y pequeñas, que fueron de España y pasaron a manos de otras naciones (Francia, Inglaterra, Holanda, Dinamarca) durante los siglos xvii y xviii; quedan en ellas muy pocos rastros de cultura española. Sólo en las posesiones holandesas de Curazao, Aruba y Bonaire queda un rastro lingüístico bajo la forma del dialecto criollo llamado* papiamento: *este dialec-*

7

to, el único hasta ahora que ha nacido del idioma castellano en toda su larga historia, debe su nacimiento a la circunstancia de que aquellas islas interrumpieron su comunicación con los demás territorios gobernados por España cuando Holanda se apoderó de ellas en 1634.

El idioma español, pues, se ha conservado normal en toda la América hispánica, e igual cosa sucede con el portugués en el Brasil. Eso no significa que no haya diferencias, en el uso de los idiomas, entre la Península Ibérica y el hemisferio occidental: son como las diferencias entre Inglaterra y los Estados Unidos en el uso del inglés. El caso más semejante al del inglés en los Estados Unidos es el del portugués en el Brasil: con la unidad política coincide una relativa uniformidad lingüística. El español, derramado sobre territorios vastísimos y poco comunicados entre sí, presenta menos uniformidad. Puede decirse que hasta 1936 Madrid era el centro, puramente cultural, en que se apoyaba la unidad del idioma español en América; ahora esta dirección cultural está repartida entre México y Buenos Aires, como centros principales de producción editorial.

No existe el "lenguaje hispanoamericano" único. El solo rasgo común a toda la América española es la pronunciación de s en lugar de la z y c de Castilla; pero este rasgo se halla también en las Islas Canarias, en gran parte de Andalucía (no en toda ella), y en muchos catalanes, valencianos y vascos al hablar español. El uso de y en lugar de ll no es igualmente característico, aunque muchos lo creen: la ll sobreviene en extensas regiones de Colombia, Ecuador, Perú, Chile y la Argentina; en cambio, la y en lugar de ll abunda en España, y no sólo en Andalucía sino en gran parte de Castilla, incluyendo el habla vulgar de Madrid. Hay en América cinco zonas, de ll-

*mites no siempre claros, con cinco modos de hablar*
*español: 1, México y la América Central (Guatemala,*
*El Salvador, Honduras, Nicaragua, Costa Rica, Pana-*
*má); 2, la zona del Mar Caribe, que comprende las*
*Antillas, la mayor parte de Venezuela y la costa atlán-*
*tica de Colombia; 3, la zona andina: parte de Vene-*
*zuela, la mayor parte de Colombia, el Perú, Bolivia, el*
*noroeste argentino; 4, Chile; 5, la zona rioplatense:*
*la mayor parte de la Argentina, Uruguay, Paraguay.*
*Cada una de estas zonas, a su vez, presenta diferen-*
*cias de región a región, como es natural. Además,*
*hay muchos indígenas que mantienen sus lenguas*
*propias y no han aprendido el español: en México,*
*por ejemplo, poco más de un millón, dentro de una*
*población total de unos veinte millones. Pero todo*
*nativo de América que hable español, sea de México*
*o del Ecuador o del Paraguay, se entiende sin dificul-*
*tad con cualquier nativo de Castilla, de León, de*
*Extremadura o de Andalucía.*

# I. LAS CULTURAS INDÍGENAS

TREINTA AÑOS atrás se habría creído innecesario, al tratar de la civilización en la América hispánica, referirse a las culturas indígenas. Ahora, con el avance y la difusión de los estudios sociológicos e históricos en general, y de los etnográficos y arqueológicos en particular, se piensa de modo distinto: si bien la estructura de nuestra civilización y sus orientaciones esenciales proceden de Europa, no pocos de los materiales con que se la ha construido son autóctonos.

En la época del Descubrimiento, existían en el hemisferio occidental muy diversos tipos de culturas: desde las muy rudimentarias, como la de los indios onas en el sur de la Patagonia, hasta las muy complejas de México y el Perú. Además, altas culturas habían existido antes, y de ellas se conservaban solamente ruinas: así en Yucatán, en Guatemala, en la costa del Perú, y en la región de Tiahuanaco, cerca del lago Titicaca.

Era enorme la variedad de los pueblos indígenas. Los idiomas que hablaban eran centenares. Según una de las clasificaciones propuestas por los filólogos (Rivet), constituían ciento veinte y tres familias. De esas familias, unas comprenden una sola lengua, como la araucana de Chile, mientras otras abarcan docenas: por ejemplo, la familia uto-azteca o shoshone-azteca, que abarca veinte y cinco grupos de dialectos en México, los Estados Unidos y la América Central; la familia chibcha, en la América Central y en la del Sur, con diez y seis tipos; la familia maya o maya-quiché, en México y en la América

Central; la arahuaca y la caribe, en las Antillas y la América del Sur; la tupí-guaraní, en la América del Sur.

De estos idiomas, los que dieron mayor contingente de palabras a los europeos, especialmente al español, fueron el taíno de las Grandes Antillas, perteneciente a la familia arahuaca (*barbacoa, batata* o *patata, batea, bohío, cacique, caníbal, canoa, caoba, carey, cayo, ceiba, cocuyo, guayacán, hamaca, huracán, iguana, macana, maguey, maíz, maní, naguas, papaya, sabana, tabaco, yuca*), el náhuatl, la lengua de los aztecas (*aguacate, cacao, coyote, chicle, chile, chocolate, hule, jícara, petaca, petate, tamal, tiza, tomate*), el quechua del Perú (*alpaca, cancha, cóndor, guano, llama* —animal—, *mate, pampa, papa, puma, tanda, vicuña, yapa* o *ñapa*). De la familia caribe proceden unas pocas (*manatí, piragua,* probablemente *butaca* y *colibrí*); de la tupí-guaraní, *ananás, copaiba, ipecacuana, jaguar, mandioca, maraca, ombú, petunia, tapioca, tapir, tucán, tupinambo.*

Había pueblos guerreros, como los caribes de las Pequeñas Antillas y la parte septentrional de la América del Sur, entre las tribus de cultura elemental, y los aztecas, entre los grupos de civilización avanzada; y había pueblos de inclinaciones pacíficas, aunque no ignoraran las artes de la guerra, como los taínos de las Grandes Antillas y las Bahamas, de cultura sencilla, y los quechuas del Perú, cuya civilización lleva el nombre de sus gobernantes los Incas.

Entre los pueblos que habían alcanzado culturas medianas, sin llegar a constituir civilizaciones con grandes ciudades y estructuras políticas complejas, se cuentan los taínos, los araucanos, los aimaras en la región que hoy ocupa la República de Bolivia, los omaguacas y los diaguitas (entre ellos los calchaquíes) del noroeste de la Argentina, los guaraníes del Brasil y del Paraguay, los guetares de Costa Rica.

Los más avanzados eran los chibchas, de las mesetas de Bogotá y Tunja. En el momento de la conquista española estaban, al parecer, a punto de organizar una especie de imperio. Se distinguían en la metalurgia, la cerámica y los tejidos. Quedan pocos restos de su arquitectura, que era principalmente de madera. Los quimbayas, famosos por sus miniaturas escultóricas en oro fundido y cincelado, eran chibchas, según unos arqueólogos; arahuacos, como los taínos, según otros. En estas tribus, las actividades más importantes eran la agricultura, el tejido, la alfarería y la construcción de edificios. Generalmente se construía con madera o con adobes; a veces, con piedra.

Ni entre las tribus de cultura sencilla ni entre los pueblos de cultura superior estaba muy avanzada la domesticación de animales; los taínos, por ejemplo, no habían domesticado ninguno, lo cual se explica porque había pocos mamíferos en las Antillas, y escaseaban las aves de las cuales se pudiera obtener utilidad. En México se había domesticado el pavo, y en gran parte de la región andina, en la América del Sur, eran domésticas la llama y la alpaca, animales de carga; además se hacía uso de su piel lanuda y de su carne. El guanaco y la vicuña, rumiantes de la familia de la llama y la alpaca, se mantenían salvajes, pero los indios utilizaban su carne y su piel. El perro y la cobaya o curí eran domésticos en diversos lugares. Había tribus que criaban tortugas (para alimento), abejas (para aprovechar su miel) o loros (para diversión). El caballo, que había existido en ambas Américas, se extinguió antes de que comenzaran las grandes culturas. En todas las regiones costeras se practicaba la pesca, y en el Perú se llevaban peces desde el mar hasta el Cuzco, para el consumo de los Incas. Las poblaciones costeñas eran hábiles en la fabricación de barcas, como las canoas de los taínos y las piraguas de los caribes, o las embarcaciones de los aztecas y de los aimaras para navegar en los lagos y canales.

El cultivo de las plantas sí alcanzó gran desarrollo: es bien sabido que toda planta cultivada representa a veces largos esfuerzos del hombre para hacerla útil como alimento o como medicina, o como material para construcción o para tejidos o tintes, o hasta como ornamento. Las Américas han dado a la civilización universal muchas de sus plantas importantes: el cacao, el maíz, la papa o patata, la batata o camote, la yuca o mandioca, el tomate, el aguacate o palta, el maní o cacahuate, la guayaba, la papaya o lechosa, el ananás o piña, el zapote y el zapotillo (que además de sus frutos da el chicle), los árboles de donde se extrae el caucho, el tabaco, los cactos, el henequén o sisal, el maguey, la yerba mate, la quina, la ipecacuana, la jalapa, el guayaco, la zarzaparrilla, la coca, la vainilla, el palo de campeche, el palo brasil, el quebracho, la bija o achiote, la caoba, el jacarandá o palisandro, y especies de frijoles o judías, de calabazas, de ajíes o chiles, de palmeras, de pinos y de algodoneros.

En tres zonas del Nuevo Mundo se desarrollaron altas culturas: *1*, en el territorio central y meridional de México, el que ahora ocupan los Estados de Oaxaca, Veracruz, Puebla, Tlaxcala, Hidalgo, Morelos, México y el Distrito Federal de la República; *2*, en el territorio que ocupan los Estados de Yucatán, Campeche, Tabasco y Chiapas, pertenecientes también a México; en el de las Repúblicas de Guatemala, Honduras y El Salvador, y en la Honduras británica; *3*, en el territorio donde hoy se encuentran las Repúblicas del Perú, Ecuador y Bolivia.

13

Difícil es decidir cuántas civilizaciones hubo en México y de cuándo datan. Es probable que hayan comenzado en los primeros siglos de la era cristiana, después de las culturas que se conviene en llamar arcaicas, y su apogeo se calcula que debió de ocurrir entre el siglo VII y el XV. De las grandes culturas, las más antiguas en la parte central de México son la de Teotihuacán (probablemente, siglos IV a IX) y la tolteca, hasta tiempos recientes muy discutida: su centro fue Tula, fundada en el siglo VIII y destruida en el XI o el XII. Entre las posteriores se distinguen la totonaca, en Veracruz y Puebla, la zapoteca y la mixteca en Oaxaca. Son características de ellas los monumentos en forma de pirámide truncada; eran adoratorios, y por lo común se edificaba encima de ellas el templo. Las más notables de estas pirámides son la del Sol y la de la Luna, en Teotihuacán, a poca distancia de la ciudad de México: la del Sol tiene menor altura, pero mayor volumen que las famosas de Egipto. Otras muy interesantes hay en Tula, en Cholula, en El Tajín, en Tenayuca, en Calixtlahuaca, en Tepoztlán, y además ruinas importantes en Mochicalco; en Mitla y en Monte Albán, cuyas tumbas contenían extraordinaria riqueza en joyas. El arte de la escultura había alcanzado gran desenvolvimiento, comparable al de cualquiera de las demás grandes culturas del mundo. Entre sus obras maestras las hay "extrañamente semejantes —dice Roger Fry, el eminente crítico inglés— a las mejores de las civilizaciones del Viejo Mundo".

La civilización de los mayas y los quichés, en la Península de Yucatán y en la América Central, que floreció del siglo IV al XV, ha dejado grandes construcciones de piedra: multitud de pirámides, templos y palacios, adornados con admirable escultura, según se puede observar en Tikal, Copán, Yaxchilán, Palenque, Piedras Negras, Quiriguá, Tulum, Zayil, Uxmal, Chichén Itzá. Esas "ciudades" —en vez de ciudades propiamente dichas se cree que eran centros religiosos y que la población vivía diseminada en campos cercanos— no eran todas contemporáneas; según tradiciones indias, iban abandonándose unas a medida que se construían otras, o bien las arruinaba la guerra. A la llegada de los españoles, las principales estaban en ruinas desde hacía tiempo; después de la Conquista se mantuvo todavía una que otra; la última, Tayasal, fue destruida en 1697.

Los mayas y quichés tuvieron conocimientos astronómicos extensos y precisos, no superados en Europa antes del siglo XVI, y avanzados métodos matemáticos: a principios de la era cristiana, antes que los hindúes (siglo VI), inventaron el cero y el principio de posición, que facilitan los cálculos aritméticos. Tuvieron escritura, que había comenzado como ideográfica, a la manera de los jeroglíficos de Egipto, y había dado pasos hacia el tipo fonético, la representación convencional de los sonidos elementales del habla, como en los idiomas europeos. Además, eran aficionados a conservar escritas sus tradiciones religiosas e históricas, y cuando aprendieron el alfabeto latino escribieron con él sus idiomas; así, se conservan el *Popol Vuh* (o *Popol Buj*), el libro quiché sobre los orígenes del mundo y del hombre, el *Rabinal Achí*, drama guerrero quiché (tanto los mayas y los quichés como los aztecas de México y los quechuas del Perú tuvieron teatro, de tipo ritual, como todo teatro en sus orígenes), los *Anales de los Cakchiqueles*, tribu de Guatemala, los libros mágicos llamados de *Chilam Balam*, de origen yucateco, y muchos otros trabajos.

En la zona de los Andes existieron las civilizaciones de Tiahuanaco: dos, sucesivas, cuando menos. De ellas quedan imponentes ruinas de edificios construidos con piedras enormes; de su orientación se infiere que sus constructores poseían conocimientos astronómicos. En la costa del Perú las civilizaciones principales fueron la chimu, al norte, y la nazca, al sur. La chimu construyó por lo menos una gran ciudad y ahora disfruta de renombre gracias a su cerámica, especialmente los vasos-retratos, cuyo arte realista es insuperable. La nazca construyó pirámides truncadas y produjo cerámica de alto valor artístico y tejidos hábilmente coloreados.

Las dos civilizaciones florecientes en el siglo XVI eran la mexicana y la peruana. A estas dos grandes organizaciones políticas les dieron los españoles el nombre de imperios, nombre cuya legitimidad se ha discutido, particularmente con relación a los aztecas, pero que no es inexacto si se emplea, ya en el sentido en que se dice "el imperio inglés", ya en el sentido en que se ha hablado de "imperio ateniense".

Los aztecas, pueblo guerrero que en el siglo XIII, si no antes, se estableció en el valle de Anáhuac, donde ahora se asienta la ciudad de México, habían logrado, después de largas luchas, convertirse en la principal entidad política de la zona. A principios del siglo XVI existía en el valle de Anáhuac una confederación constituida por los aztecas de Tenochtitlán (la actual México, ciudad lacustre, con calles bordeadas por canales navegables y unidas por puentes de madera, que se dice fundada en 1325), los acolhuas de Tezcoco y los tecpanecas de Tlacopan, cuyo nombre hispanizado es Tacuba. La dirección de las operaciones militares de la confederación estaba encomendada a los aztecas. El jefe militar (*tlacatecuhtli*), a quien los españoles llamaron emperador, tenía funciones como las primitivas del *imperator* en Roma: no era rey; su cargo era vitalicio, pero electivo, no hereditario. El poder civil estaba en manos de otro jefe *(cihuacóhuatl)*, y tanto el civil como el militar dependían en último término, según parece, del consejo *(tlatocan)* de representantes de los grupos territoriales *(calpulis)*, derivaciones de clanes originarios. La confederación dominó gran parte del territorio que actualmente ocupa la República Mexicana y penetró hasta la América Central. Los pueblos dominados no constituían provincias; eran simples tributarios. Y hubo pueblos que nunca fueron dominados, como el de Tlaxcala; sólo gracias a su ayuda pudo Hernán Cortés conquistar la ciudad de México.

La religión dominaba la vida toda de los aztecas, y sus gobernantes tenían funciones sacerdotales. El rito característico de esta religión, el sacrificio humano, tenía su explicación en la mitología; rito extraño para el hombre moderno, pero común en las épocas primitivas de muchos pueblos antiguos, entre ellos los antecesores de la civilización europea, griegos, germanos y celtas. Los dioses, creían los aztecas, se sacrificaron para crear al hombre; el hombre debía a su vez sacrificarse por ellos y alimentarlos. El dios mayor de la mitología azteca, Huitzilopochtli, es el Sol, que nace, combate y muere todos los días; "como dios que es —dice el arqueólogo mexicano Alfonso Caso—, desdeña los alimentos groseros de los hombres y sólo puede mantenerse con la vida misma, la sustancia mágica que se encuentra en la sangre del hombre". La guerra, entre los aztecas, tenía como principal objeto obtener hombres para el sacrificio ritual. Pero la mitología mexicana tenía entre sus dioses otros, de tipo benigno, como el civilizador Quetzalcóatl (la serpiente de plumas, sím-

17

bolo del planeta Venus), que enseñó a los hombres las ciencias, las artes y las industrias. La religión era politeísta, pero una escuela filosófica, ya antigua, reducía la multitud de los dioses a uno solo, divinidad doble, a la vez masculina y femenina.

Desde el punto de vista social y político se ha descrito la confederación mexicana como democracia teocrática y militar. En los comienzos, el suelo había sido propiedad común; todos trabajaban, en la agricultura o en oficios, para el sostenimiento de sí mismos y de la comunidad, y prestaban servicio en la guerra. A cada padre de familia se le asignaba, de por vida, una parcela de tierra, que volvía a la comunidad cuando él moría o cuando dejaba de labrarla durante dos años. El abandono de las tierras, la negativa de casarse y muchos delitos se castigaban con una especie de esclavitud, que obligaba a trabajar para otros. No había, al principio, clases sociales en el sentido europeo, pero los sacerdotes y los jefes militares y civiles recibían honores y riquezas; además, no tenían que trabajar sus tierras. En los últimos tiempos del imperio, este sistema se iba transformando y empezaba a constituirse una aristocracia con propiedad privada.

El comercio era muy activo; el mercado de Tenochtitlán estaba siempre en movimiento, con miles de personas en él, según las descripciones de Hernán Cortés y de Bernal Díaz del Castillo. Se vendía por número y medida, pero no por peso (en el Perú sí se vendía al peso).

Tuvieron los aztecas amplios conocimientos astronómicos, que heredaron de las culturas anteriores; pero menos avanzados que el saber de los mayas y quichés; queda como testimonio el Calendario Azteca, monumento de piedra labrada que se conserva en el Museo Nacional de México. Poseyeron escritura

18

jeroglífica, magníficamente dibujada y coloreada; se conservan códices, anteriores unos, posteriores otros a la conquista española; pero se ha perdido el arte de leerlos, y sólo parcialmente es posible interpretarlos. Fabricaban papel, como los mayas, con fibras de higuera silvestre.

La civilización azteca heredó de las anteriores de México la arquitectura, con la característica pirámide; ejemplos: la de Cuernavaca, la de Tepoztlán, donde está grabada en jeroglífico astronómico la fecha de 1502, y la enorme que destruyeron los españoles en la ciudad de México, en la plaza donde ahora se asientan el palacio de gobierno y la Catedral. Heredaron también la escultura y la pintura. Se distinguieron, además, en la orfebrería, la cerámica, los tejidos, la talla de piedra y el arte plumario. Extraían y trabajaban el oro, la plata, el cobre, el estaño; fabricaban bronce. Construyeron muchos caminos, puentes y acueductos. Tenían danzas y deportes rituales, teatro, consagrado principalmente a Quetzalcóatl, poesía épica y lírica; entre los cantos que se conservan merecen especial atención los atribuidos o referentes a Netzahualcóyotl, rey de Tezcoco, en el siglo XV; además, tenían narraciones en prosa, de las cuales nos quedan muestras no escasas en adaptaciones como las contenidas en el *Códice Ramírez* y en la *Historia de las Indias de Nueva España* redactada por fray Diego Durán. La enseñanza estaba rigurosamente organizada; en las escuelas superiores se estudiaban la religión, la astronomía, la historia, las leyes, la medicina y la música; en las escuelas populares se enseñaban la religión y el arte de la guerra. Tenían los aztecas, finalmente, colecciones de animales vivos, en casas, jardines y estanques; además, jardines botánicos con viveros.

19

La nación de los pueblos de lengua quechua, gobernada por los Incas, sí merece el nombre de imperio a la manera del romano. Desde su capital, el Cuzco, fundada en el siglo XII —"la capital imperial que se ha edificado a mayor altura sobre el nivel del mar", dice el arqueólogo argentino Fernando Márquez Miranda—, los Incas alcanzaron a gobernar vastísimo territorio, en las altiplanicies de los Andes y a lo largo de sus dos vertientes, desde Quito, conquistado en 1487, hasta el norte de Chile y de la Argentina. No se conocen con certeza los límites meridionales del imperio, pero en muchas zonas que tal vez no llegó a abarcar la dominación política penetró a lo menos la influencia cultural; así, en la provincia argentina de Santiago del Estero, se habla aún el idioma quechua.

La religión de los incas tenía como centro el culto del Sol, antepasado de los monarcas. A su alrededor se agrupaban dioses menores. Además había divinidades puramente espirituales, sin forma representable, como Pachacámac, que animaba el mundo y sus criaturas. El Inca tenía funciones sacerdotales y militares. La monarquía era hereditaria; pero el Inca reinante elegía sucesor entre sus hijos según el mérito. Existía, además, una especie de consejo consultivo, cuya opinión era probablemente necesaria para dictar leyes.

La sociedad no estaba organizada como democracia, según se dice de la azteca, por lo menos en su origen, sino rigurosamente dividida en clases, con insignias y trajes distintivos. En las clases superiores figuraban el monarca, la numerosa descendencia de los Incas (que eran polígamos), los gobernantes locales (curacas) y sus familias; como excepción, el Inca podía elevar hasta la clase privilegiada a hombres de mérito. Estas clases recibían instrucción especial y nadie pertenecía a ellas de pleno derecho mientras no se le sometía a exámenes rigurosos y pruebas de iniciación.

El pueblo debía trabajar en la agricultura o en los oficios; como entre los aztecas, las tierras se distribuían entre los padres de familia (se repartían anualmente), y asimismo las aguas para regarlas; la ociosidad no estaba permitida, y nadie debía padecer hambre ni desnudez. La gente del pueblo tenía obligación de cultivar, por rotación, las tierras pertenecientes al Sol y al Inca y las destinadas al socorro de los necesitados: ancianos, viudas, niños, inválidos en general. En graneros o depósitos se guardaban comestibles, tejidos, armas y toda especie de materias primas o trabajadas, con lo cual se atendía a las necesidades del ejército, y, en casos de escasez, del pueblo. Había comercio, en pequeña escala; se permitía vender los sobrantes de la producción individual. La casa y los muebles eran de propiedad personal.

Para gobernar este enorme imperio con este sistema económico, resultaba indispensable llevar cuenta minuciosa de la población y de sus necesidades; los Incas llevaron la estadística a un grado de precisión que hoy mismo no existe, como práctica oficial, en ningún país civilizado. Habían conservado la división de los habitantes en comunidades propietarias de la tierra (*ayllus*), división anterior a la organización del imperio.

Los Incas se consideraban civilizadores, imponían su cultura a los pueblos que subyugaban y trataban de asimilárselos completamente. La capital del imperio estaba unida a todo el territorio por medio de caminos y puentes, que facilitaban la rapidez de las comunicaciones. En la Europa del siglo XVI no había caminos comparables a éstos, ni habían existido antes sino en el Imperio Romano; Pedro de Cieza de León, el admirable historiador de la conquista del Perú, dice que "no fue nada la calzada que hicieron los romanos, que pasa por España, para que con ésta [la gran calzada de los Incas] se compare". Sus puentes, de madera o de mimbres, eran admirables.

Como los mayas y quichés, y como los aztecas, los quechuas tuvieron literatura ampliamente desarrollada. Se conserva parte de su poesía lírica; hay cantares atribuidos al Inca Pachacútec. Nada completo se conserva de su teatro, que tuvo importancia. No tuvieron escritura; pero transmitían mensajes y llevaban cuentas mediante hilos de colores diversos en que se hacían nudos (*kipus*). Las órdenes y las noticias que interesaban al gobierno se transmitían por medio de hombres avezados a correr (*chasquis*); se relevaban en puestos situados cada cinco kilómetros aproximadamente y llevaban *kipus* cuyo significado sabía interpretar el que debía recibirlos. Los *kipus* les servían a los Incas para sus complejas estadísticas.

La arquitectura peruana tuvo formas muy variadas. Se distinguen en ella cinco tipos principales de construcción; la más notable es la que ha recibido de los arqueólogos el nombre de arquitectura ciclópea, porque los edificios se hacían con piedras enormes.

## II. EL DESCUBRIMIENTO Y LA COLONIZACIÓN DE AMÉRICA

LA FECHA de 1492 divide en dos partes la historia de España. En este año los Reyes Católicos, Isabel de Castilla y León (1451-1504) y Fernando de Aragón (1452-1516), que realizaron la unificación política del país, reconquistan la ciudad de Granada, y con ello desaparece el último baluarte de los moros, establecidos en la Península Ibérica durante cerca de ocho siglos (desde 711); expulsan a los judíos, y con ello desaparece el último vestigio de la tolerancia religiosa que había sido característica de la Edad Media española hasta cerca de 1400 (después, en 1609, se expulsa a los moriscos que conservaban la religión mahometana). Así termina el enlace con la cultura oriental, que había alcanzado admirable florecimiento en España, tanto la de los árabes como la de los judíos, en literatura, filosofía y ciencias, y la de los árabes, además, en arquitectura y artes industriales. En 1492, por último, Colón descubre, en misión de Castilla y León, el Nuevo Mundo.

La Edad Media había durado en España más que en Italia, pero a lo largo del siglo xv penetra en el territorio español la influencia de la otra gran península del Mediterráneo. El Renacimiento puede decirse que comienza cuando empiezan a gobernar los Reyes Católicos (1474). No hubo ruptura total con la Edad Media. Así, mientras en Francia se olvida la literatura medieval cuando se adoptan las formas del Renacimiento, en España la balada nacional, el romance, nunca deja de escribirse: hoy mismo sobrevive como cantar tradicional que repite el pueblo

23

en España y en América, e igualmente los judíos que conservan el idioma castellano en los Balkanes y el norte de África; a la vez existe como forma que cultivan los poetas refinados, Leopoldo Lugones o Federico García Lorca, Fernández Moreno o Rafael Alberti.

Al período de los Reyes Católicos sucede el de Carlos V (V de Alemania y I de España), de 1516 a 1556, y al de Carlos V el de Felipe II, de 1556 a 1598. Con Carlos V, España se convierte en la primera potencia de Europa. En los primeros años de su reinado hay actividad intelectual variada y libre; con gran interés en los problemas religiosos (es la época de las cálidas discusiones que suscita Erasmo), políticos (es la época en que Francisco de Vitoria y sus discípulos sientan principios fundamentales de derecho, entre ellos el de auto-determinación de las naciones), filosóficos (es la época de Luis Vives), científicos (la curiosidad se dirige especialmente hacia las matemáticas, la física y la biología), lingüísticos (Antonio de Nebrija había publicado en 1492 su gramática castellana, la primera gramática de idioma moderno escrita en Europa, y en 1493 su primer diccionario; Juan de Valdés escribió hacia 1535 su *Diálogo de la lengua*), literarios (comienzan entonces los llamados "Siglos de Oro") y artísticos (es época de gran arquitectura, y en la escultura florece Berruguete). Pero antes de terminar este reinado se pone fin a la libertad en la discusión de doctrinas religiosas, y el Concilio de Trento (1545-1563), en que dominaron los españoles, reglamenta las restricciones. Bajo Felipe II la filosofía es teológica y escolástica (pero escolástica renovada, desde Vitoria hasta Suárez en el siglo XVII), la investigación científica pura se abandona, y sólo se trabaja en ciencias de descripción o de aplicación, como la geografía, la botánica y la mineralogía; florecen la literatura, las artes plásticas (es la época del Greco) y la música (es la época en que Tomás Luis de Victoria, uno de los grandes compositores del mundo, compite con el italiano Palestrina).

En el siglo XVII, bajo los reyes Felipe III, de 1598 a 1621, y Felipe IV, de 1621 a 1665, España mantiene el esplendor de su literatura y de su arte: es la época de Cervantes, Lope de Vega, Tirso de Molina, Calderón, Quevedo, Góngora y Gracián, del gran teatro y la gran novela; la época de Velázquez, Ribera, Zurbarán y Murillo, en la pintura. En su vida económica, faltándole buena organización, decae, y políticamente cede ante la Francia de Luis XIV, desde la batalla de Rocroi (1643). Durante el reinado de Carlos II, de 1665 a 1700, el país sufre decadencia en todo; hasta la población disminuye.

En el siglo XVIII mejora la situación, principalmente bajo Carlos III, de 1759 a 1788: este rey adopta muchas ideas del movimiento que se llamó de las *Luces* o de la *Ilustración*; pero España nunca recobra su esplendor antiguo.

Portugal tiene historia muy semejante a la de España, cuya suerte comparte en la historia antigua y medieval hasta que en el siglo XII se funda el reino; entonces, además, se les quita a los moros toda la zona desde Lisboa hasta el extremo sur. El reino quedó unido a España en 1580, pero recobró su independencia en 1640.

Los portugueses eran grandes navegantes desde el siglo XIV. En el XV exploran las costas de África y las islas vecinas; Vasco de Gama dobla el Cabo de Buena Esperanza y llega hasta la India en 1498; Pedro Álvares Cabral descubre el Brasil en 1500; en 1519, Magallanes (Magalhães en portugués) emprende en nombre del rey Carlos de España el primer viaje de circunnavegación de la Tierra, y por su muerte (1521) lo termina su acompañante, el español Sebastián Elcano, en 1522. El imperio de Portugal, en el siglo XVI, sólo cede en extensión al de España: comprende el Brasil, tierras costeras del África, la India y la Indochina, islas del Océano Atlántico y del Índico.

La historia de la cultura portuguesa está ligada a la de la cultura española; en la literatura ha habido influencias mutuas; y así, mientras en los siglos XII y XIII era común que los castellanos compusiesen cantares en portugués, en el XVI y XVII los portugueses escribieron mucho en castellano, tanto verso como prosa. Su gran poeta nacional, Camoens, cantó en *Los Lusíadas* (1572) las proezas de Vasco de Gama. La arquitectura portuguesa tiene caracteres originales y los conserva en las remotas colonias de la India o del África, en las Azores y en Madeira, en el norte y en el sur del Brasil.

Descubierto el Nuevo Mundo en 1492, el primer intento de colonización se hizo al año siguiente, estableciéndose Colón, con unos mil quinientos hombres, en la isla que llamó Española: el cronista italiano Pedro Mártir de Anghiera la llamó luego en latín Hispaniola. Se fundan las primeras ciudades de tipo europeo: la primera fue la Isabela, en 1494, abandonada poco después; la segunda, y la más antigua de las que subsisten, es Santo Domingo, que, fundada por Bartolomé Colón en 1496, dio luego nombre a toda la isla. Para 1505 había en Hispaniola diez y siete poblaciones de tipo europeo, sin contar las fortalezas aisladas.

Durante quince años se emprenden muchas exploraciones, partiendo de Hispaniola, pero no se fundan pueblos ni ciudades. Sólo desde 1508 se empieza a colonizar las otras tres Grandes Antillas: Puerto Rico (1508), Jamaica (1509), Cuba (1511), la costa septentrional de la América del Sur (territorios que ahora forman parte de Venezuela y Colombia) y de la América Central. Sobrevino luego la conquista de México (1519-1521), donde los españoles se establecen inmediatamente, y la de Guatemala (1524); después, la conquista del imperio de los Incas (1531-1533), abarcando territorios que ahora forman parte del Perú, el Ecuador y Bolivia. La conquista de Chile comienza en 1535; la de la región del Río de la Plata (territorios que hoy ocupan la Argentina, el Uruguay y el Paraguay), en 1534. La de Yucatán no se consuma hasta 1539-1542.

En el Brasil, después de la visita de Álvares Cabral, el primer conato de establecimiento de los portugueses es en 1503. Durante muchos años la América les interesó poco; la corona y los exploradores dedicaban su atención principal a la India. Por fin el rey envió en 1530 la expedición de Martim Affonso de Sousa, que hacia 1532 funda la primera población, San Vicente, y en 1534 divide el país en capitanías

Los territorios que iba conquistando España se gobernaron al principio desde la ciudad de Santo Domingo, en Hispaniola, donde Diego Colón, hijo del Descubridor, ejerció funciones de virrey desde 1509 hasta 1526. Muerto él, la corona de España suprimió el virreinato general de las Indias; se dividió el Nuevo Mundo en jurisdicciones independientes entre sí, y las más importantes fueron los nuevos virreinatos: el de Nueva España, con su capital en la ciudad de México, establecido en 1534, y el del Perú, con su capital en Lima, establecido en 1543. En el siglo XVIII se crearon dos virreinatos nuevos: el de Santa Fe de Bogotá, en 1739, y el de Buenos Aires, en 1776.

Los españoles fundaron enorme número de poblaciones. Las principales: San Juan de Puerto Rico, 1508; Santiago de Cuba, 1514; La Habana, 1515; Veracruz, 1519; Panamá, 1519; Guatemala, 1524; León de Nicaragua, 1524; Granada de Nicaragua, 1524; San Salvador, 1525; Santa Marta, 1525; Coro, 1527; Puebla de los Ángeles, 1531; Cartagena de Indias, 1533; Guadalajara de México, 1533; Quito, 1534; Lima, 1535; Guayaquil, 1535; Buenos Aires, 1536 (fue abandonada y se restableció en 1580); la Asunción del Paraguay, 1537; Santa Fe de Bogotá, 1538; Charcas o Chuquisaca (llamada hoy Sucre), 1539; Santiago de Chile, 1541; Valladolid de Michoacán (ahora denominada Morelia), 1541; Mérida de Yucatán, 1542; Potosí, 1545; La Paz, 1549; Caracas, 1562 (abandonada poco después, restablecida en 1567); San Agustín, en La Florida, 1565 (es la más antigua ciudad de fundación europea en el territorio que ahora ocupan los Estados Unidos). Son tardías fundaciones importantes como la de Montevideo, 1722.

Ni la ciudad de México ni el Cuzco fueron fundadas por españoles; los conquistadores se limitaron a ocupar las capitales indias y gradualmente sustituyeron las construcciones de los nativos con edificios de tipo europeo; en el Cuzco conservaron a veces parte de la construcción antigua como base de la nueva.

Los portugueses, en el Brasil, después de San Vicente, fundan hacia 1534 la ciudad de Olinda, cerca de la cual surge después Recife de Pernambuco; en 1549, San Salvador de Bahía, destinada a capital de la colonia; en 1554 los jesuitas establecen el colegio de São Paulo, en torno del cual se forma la ciudad de su nombre; en 1567 se funda Río de Janeiro, en el sitio que Portugal quitó a los franceses, establecidos allí desde 1555. En 1717 se le da a la colonia nombre de virreinato; la capital es **Bahía** hasta 1763; la sustituye entonces Río de Janeiro.

Al establecerse los españoles y los portugueses en América, trajeron consigo la cultura europea: religión, organización social, sistema jurídico, artes, ciencias, agricultura, crianza de animales domésticos, industrias, comercio, vestimenta, diversiones, costumbres en general. Trataron de transmitir esta cultura a los indígenas, en mayor o menor medida, pero el empeño no pudo cumplirse de modo sistemático, como lo había cumplido Roma en sus conquistas europeas; la colosal magnitud del territorio lo impedía; grandes núcleos de población nativa quedaron fuera del alcance de la nueva cultura, unos porque se oponían a ello violentamente, como los araucanos en Chile y los apaches en México, otros porque vivían en zonas donde resultaba difícil penetrar. En consecuencia, hay todavía más de dos millones de indios que no hablan español ni portugués; hay, además, mucho mayor número de habitantes que hablan, junto con el portugués o el castellano, algún idioma nativo. Existen ciudades bilingües como el Cuzco, la Asunción y Mérida de Yucatán, donde se hablan, respectivamente, el quechua, el guaraní y el maya. Hasta en países como la Argentina, donde hay ya pocos indios puros, existen regiones bilingües, como Santiago del Estero (quechua), Corrientes y Misiones (guaraní). Sobreviven centenares de lenguas, desde las habladas por más de medio millón de personas, como el náhuatl (el idioma de los aztecas), el quechua, el aimara y el guaraní, hasta los que sólo se hablan en grupos muy reducidos, como el tehuelche en Patagonia, el otomaco en Venezuela, el paya en Honduras, el huari y el karayá en el Brasil. El castellano y el portugués han recibido centenares de palabras de estas lenguas: unas están difundidas por el mundo entero, como *cacao* y *tabaco*, otras corren sólo en zonas limitadas. Además es interesante observar que los misioneros españoles y portugueses, después de aprender lenguas indígenas importantes para catequizar a los nativos, las extendían sobre territorios mayores que aquellos donde antes se hablaban: así ocurrió con el náhuatl de México, con el quechua y el guaraní.

La cultura que españoles y portugueses implantan en el Nuevo Mundo no podía, desde luego, mantenerse idéntica a su tipo de origen. Ante todo, el simple trasplante obligaba a los europeos a modificarla inconscientemente para adaptarla a nuevos suelos y nuevas condiciones de vida, exactamente como ocurrió en las colonias inglesas que dieron origen a los Estados Unidos. Además, las culturas indias ejercieron influencias muy varias sobre los europeos trasplantados. La Conquista decapitó esas culturas nativas: hizo desaparecer la religión, las artes, la ciencia (donde la había), la escritura (entre los mayas y los aztecas); pero sobrevivieron muchas tradiciones locales en la vida cotidiana y doméstica. Hubo fusión de elementos europeos y elementos indígenas, que dura hasta nuestros días. La alimentación era, y es, europea en parte, en parte nativa. Los conquistadores y colonizadores trajeron del Viejo Mundo el trigo, el arroz, el café, la naranja, la manzana, la pera, el durazno o melocotón, el higo, la caña de azúcar, entre tantas otras plantas; trajeron el caballo, la vaca, el cerdo, el carnero, la gallina; importaron de África el banano, el ñame y la pintada o gallina de Guinea. Adoptaron de los aborígenes el maíz —que todavía no se emplea como alimento humano en muchos países de Europa—, la papa, la batata, el cacao, la yuca, el tomate, el maní, la enorme varie-

**30**

dad de las frutas tropicales —desde el ananás o piña hasta la guayaba—, el pavo, la perdiz nativa, y con ellos recibieron los métodos culinarios de los indios. Así, junto al pan de trigo subsisten las tortas o tortillas de maíz en México, en la América Central y además en parte de Colombia, y el cazabe, hecho de yuca, en las Antillas. En muchos países la alimentación campesina de origen vegetal mantiene su base indígena: en México predominan el maíz, los frijoles, el chile o ají, el cacao y el maguey (de donde se saca el pulque), con la adición extranjera del arroz y el café; en las Antillas, a pesar de que no hay ya indios puros, el maíz, los frijoles, el ají, el cacao, la yuca, la batata, con el ñame, el arroz y el café; en el Perú, el maíz, la yuca (allí denominada mandioca), la papa y el ulluco; en el Brasil, la yuca y el maíz. "La mandioca —dice el sociólogo pernambucano Gilberto Freyre— es el alimento fundamental del brasileño [en el campo], y la técnica de su elaboración permanece casi idéntica a la de los indígenas." En la agricultura se han conservado, junto a las técnicas europeas, métodos indígenas como los cultivos en terrazas con muros de contención (*pircas*) en terrenos inclinados, y la fertilización de las tierras con el *guano*.

En las ciudades, mientras se construían casas, palacios, fortalezas, templos, a estilo de los países del Mediterráneo, se mantenía la choza nativa (la gran arquitectura desapareció), el rancho, el *bohío* (nombre de las Antillas), el *jacal* (nombre de México). Ahora estos edificios modestos están desterrados de las ciudades (donde a veces los ha sustituido una construcción muy inferior, de lámina de metal, comúnmente llamada zinc) y sólo subsisten en los pueblos pequeños y en los campos. De los materiales nativos de construcción, se emplean muchas clases

**31**

de piedra, como el tezontle rojo oscuro y la chiluca gris clara de México, y muchas maderas, como la caoba y el jacarandá, hoy más frecuentes en muebles que en edificios.

Entre las industrias indígenas sobrevive el tejido, especialmente en ponchos y sarapes, el calzado (sandalias), las esteras, las hamacas, los cestos; igualmente la alfarería y la orfebrería, que mantienen toda su extraordinaria variedad, mezclando la tradición nativa con la europea.

La fusión de elementos · europeos y elementos nativos alcanza a las artes plásticas (arquitectura, escultura, pintura), donde el indio, dirigido por maestros europeos, introdujo pormenores característicos que dan fisonomía peculiar a las obras. El fenómeno se ha estudiado detenidamente en la arquitectura. El poeta español y crítico de arte José Moreno Villa ha dado el nombre de *tequitqui* a estas formas de arte: *tequitqui* significa en náhuatl "vasallo", como en árabe *mudéjar*, nombre que se dio al arte de los mahometanos que vivían entre los cristianos en España.

Esta fusión aparece también en el teatro. Cuando los misioneros organizaron representaciones dramáticas que ayudasen a instruir a los indios en la doctrina cristiana, combinaron los recursos, no muy amplios, del teatro religioso medieval de Europa con los del teatro indígena. Así lo explica, por ejemplo, el P. Motolinía, quien probablemente dirigió la representación de unos autos, en Tlaxcala, en 1538. Las obras, además, se escribieron muy a menudo en lenguas nativas, desde California hasta la Argentina y el Paraguay. Y entre los indios se mantuvo, aunque de modo precario, el teatro propio, a su vez influido ahora por formas europeas: en el siglo XVIII produjo una obra muy interesante, *Ollantay*, escrita en quechua, en tres actos y en verso a la manera española de Lope y Calderón, pero de asunto anterior a la Conquista y con no pocas reminiscencias igualmente anteriores (*Ollantay* está traducido al castellano, al inglés, al francés, al alemán, al checo y hasta el latín). El teatro en lenguas indígenas se mantiene hasta hoy, especialmente en Yucatán y en el Paraguay.

APENAS conquistaban una ciudad, o la fundaban, los españoles y portugueses establecían en ella las instituciones europeas: políticas, religiosas, educativas. La vida política tenía dos formas fundamentales: el gobierno en representación de la Corona, y los municipios autónomos. La vida religiosa comienza con la erección de templos; al poco tiempo se instalan conventos; el primero fue el de los frailes franciscanos en la ciudad de Santo Domingo, en 1502; le siguieron, allí mismo, el de los frailes dominicos, en 1510, y el de los mercedarios, en 1514; algún tiempo después, las órdenes femeninas. Y desde 1504 el Vaticano decidió erigir obispados. Los religiosos tuvieron papel muy importante en la vida colonial: además de difundir el cristianismo, defendieron al indio contra la explotación del encomendero (en esta defensa se distinguió la Orden de Santo Domingo), y, por lo menos al principio, organizaron y dirigieron la enseñanza. La Iglesia católica ha consagrado como santos, beatos o venerables, entre otros, al arzobispo Toribio Alfonso de Mogrovejo (1534-1606), al obispo Juan de Palafox (1600-1659), a Fray Francisco Solano (1549-1610), a Fray Luis Beltrán (1523-1581), al P. Pedro Claver (1580-1654), defensor de los esclavos, a la monja Rosa de Lima (1586-1617), al mexicano Fray Felipe de Jesús (1573-1597), mártir de la fe crucificado en el Japón y al mulato peruano Fray Martín de Porres (1569-1639), que estableció en Lima el primer orfanato y enseñó agricultura.

La enseñanza escolar comenzó temprano: desde 1505, en el colegio que fundó Fray Hernán Suárez en el convento de la Orden de San Francisco en la ciudad de Santo Domingo; después, además de los colegios conventuales, se establecieron institutos independientes. La enseñanza se destinaba tanto a los hijos de españoles como a los indígenas: desde 1513 hay disposiciones de la corona de España que mandan enseñar latín a indios escogidos en las Antillas. Los colegios para indios fueron importantes en el Perú, y en México, donde se fundaron en 1523 el de San Francisco, bajo la dirección del fraile flamenco Pedro de Gante (allí se enseñaba religión, latín, música, pintura, escultura y oficios), y en 1536 el Colegio Imperial de Santa Cruz, para caciques, en la villa de Tlaltelolco, barrio ahora de la Ciudad capital (tuvo entre sus enseñanzas la de medicina indígena, que los europeos, con gran acierto, quisieron aprovechar y de hecho aprovecharon). Naturalmente, los colegios y escuelas se establecían en las ciudades; pero no se intentó extender la cultura intelectual a todos los habitantes: en la Europa del siglo XVI no se había implantado aún la enseñanza obligatoria para todos, y no se podía esperar que los europeos la impusieran en América. En las aldeas no había otra enseñanza que la de religión, a cargo de los sacerdotes, y a veces la de artes y oficios europeos. Dos ejemplos famosos hubo: el del obispo Vasco de Quiroga, que, inspirándose en la *Utopía* (1516) de Sir Thomas More, estableció poblaciones, en la región mexicana de Michoacán, cada una con su oficio distintivo (en parte se conservan todavía); el de los jesuitas en las Misiones del Paraguay y nordeste de la Argentina, donde establecieron una especie de sociedad colectivista, dando a los indios guaraníes reglas de vida, de trabajo, de arte y de juego: esta organización duró desde fines del siglo XVI hasta 1767, año en que la Compañía de Jesús

35

fue expulsada de todos los territorios bajo dominio español.

Cuando los colegios se desarrollaban y crecían, aspiraban a convertirse en universidades. Antes de cumplirse medio siglo del descubrimiento, en 1538, el colegio de los frailes dominicos en la ciudad de Santo Domingo quedó autorizado a llamarse Universidad de Santo Tomás de Aquino; en 1540 se autorizó la creación de otra universidad allí, la de Santiago de la Paz, con bienes donados por el opulento colonizador Hernando de Gorjón, y le sirvió de base el colegio establecido muchos años antes por el obispo Sebastián Ramírez de Fuenleal. En 1551, la corona de España decidió fundar universidades en las capitales de los dos virreinatos entonces existentes: una en México, otra en Lima; se inauguraron en 1553. La de Lima es hoy la más antigua entre las de América, cuya vida no ha conocido interrupción importante desde que se fundó, pues las de Santo Domingo y México sí la sufrieron. Después de las cuatro primeras se fundaron nuevas universidades. Salvo excepciones como la de México y la de Lima, eran colegios que recibían autorización para asumir categoría universitaria y conferir títulos de doctor (y aun la de Lima fue, de 1553 a 1574, meramente colegio de los frailes dominicos); pero la autorización podía rescindirse, y de hecho se rescindió en ocasiones. Tuvieron la estructura de las universidades de la Edad Media, con cuatro facultades: artes (que confería grados de bachiller y de maestro), derecho, teología, medicina; no en todas partes se alcanzó a completar las cuatro. Los modelos generales eran Salamanca y Alcalá. El idioma obligatorio de las cátedras era el latín, excepto en medicina. En colonias donde abundaban los indios, como México, Guatemala y el Perú, estas instituciones ofrecían cursos de lenguas indígenas, como preparación para los estudiantes de teología que debían enseñar y predicar.

Contando todas las instituciones que tuvieron, o se atribuyeron, prerrogativas universitarias, aunque fuese por pocos años, se llega a veinte y seis (pero nunca coexistieron todas juntas, porque a veces se les revocaban las prerrogativas): dos en Hispaniola (ambas en la ciudad de Santo Domingo), una en Cuba (en La Habana), tres en México (una en la capital, una en Guadalajara, una en Mérida de Yucatán), una en Guatemala (en la capital), una en Nicaragua (en León), una en Panamá (en la capital), dos en Nueva Granada, la actual Colombia (ambas en Bogotá), dos en Venezuela (una en Caracas, una en Mérida), cuatro en el Ecuador (todas en Quito), cuatro en el Perú (una en Lima, dos en el Cuzco, una en Huamanga), una en el Alto Perú, la actual Bolivia (en Charcas), dos en Chile (ambas en Santiago), dos en la Argentina (ambas en Córdoba del Tucumán). Las de mayor importancia fueron: la de Santo Tomás de Aquino, en Santo Domingo, adonde acudieron durante tres siglos estudiantes de Cuba, Puerto Rico y Venezuela; la de México, que alcanzó a graduar más de mil cuatrocientos doctores; la de San Marcos, en Lima; la de San Carlos Borromeo, en Guatemala, fundada en 1676 mediante legado de Pedro Crespo Suárez; la de San Jerónimo, en La Habana, establecida en 1728; la de Santa Rosa, en Caracas, inaugurada en 1725; la de dominicos de Bogotá, fundada en el siglo XVII; la de San Gregorio Magno, de jesuitas, en Quito, en 1620; la de San Francisco Javier, de jesuitas, en Charcas, en 1624; la de San Ignacio de Loyola, de jesuitas, en Córdoba, en el siglo XVII.

Hubo, además, buen número de seminarios teológicos, que a veces se adelantaban a las universidades en la introducción de doctrinas filosóficas modernas, y en los últimos años de la era colonial se fundaron instituciones educativas de otra especie, como la Escuela de Minería, en México, en 1792, con catedráticos como los españoles Fausto de Elhúyar (1757-1833), descubridor del tungsteno, y Andrés del Río (1765-1849), descubridor del vanadio, y el mexicano Antonio León y Gama (1735-1802). Contemporáneas de la Escuela de Minería son las Academias de Bellas Artes de México (1783), de Guatemala (1797) y de otras ciudades: en realidad, la enseñanza artística se había iniciado desde los primeros tiempos (según queda dicho), y hasta tuvo centros especiales en el siglo XVI, como el Colegio de San Andrés, para formar arquitectos, escultores y pintores, en Quito (1553). Y en el siglo XVIII se establecen las primeras bibliotecas públicas, el Jardín Botánico de México (1788), el Museo de Historia Natural y el Jardín Botánico de Guatemala (1796), el Observatorio Astronómico de Bogotá, la Escuela de Náutica de Buenos Aires (1799), fundada por Manuel Belgrano (1770-1820). Según Humboldt, que escribía a principios del siglo XIX, "ninguna ciudad del Nuevo Mundo, sin exceptuar las de los Estados Unidos, poseía establecimientos científicos tan grandes y sólidos como los de la capital mexicana" —ciudad que era entonces la de mayor población en las Américas (112 926 habitantes, frente a 96 000 de Nueva York; Potosí en el Alto Perú, había llegado a 114 000 en el siglo XVII, pero se despobló el agotarse las minas cercanas). Según Humboldt, además, no había en Europa biblioteca especial de botánica comparable a la del grupo de investigadores que dirigían Mutis y Caldas en Bogotá.

En el Brasil hubo colegios de estudios generales y seminarios teológicos. El colegio de los jesuitas en Bahía estuvo equiparado al de la Universidad portuguesa de Evora, hasta 1759, año en que la Compañía de Jesús fue desterrada de todos los territorios gobernados por la corona de Portugal. No se organizó ninguna universidad en el Brasil; los brasileños que deseaban adquirir títulos profesionales en medicina o en derecho tenían que trasladarse a Europa, generalmente a la Universidad de Coimbra. En el siglo XVIII se estableció el Gabinete de estudios de historia natural en Río de Janeiro (1784). Finalmente, con el arribo de la corte portuguesa (1808) se establecieron en la capital nuevas instituciones de cultura.

Entre las gentes educadas de la América hispánica hubo mucha afición a la lectura. En el Brasil, por ejemplo, los libros suplían la falta de universidades: no se advierte diferencia sustancial de cultura entre los súbditos de la corona de Portugal y los de la corona de España, si se exceptúan los dos grandes centros que fueron Lima y México. Las listas de obras remitidas de Europa a los libreros de las colonias abarcan la mayor variedad concebible de títulos y asuntos; las cantidades eran extraordinarias: así, en 1785, una sola remesa de libros recibida en El Callao, el puerto de Lima, sumaba 37 612 volúmenes. En el siglo XVIII circulaban muchos libros de orientación moderna: la *Encyclopédie*, obras de Bacon, Descartes, Copérnico, Gassendi, Boyle, Leibniz, Locke, Condillac, Buffon, Voltaire, Montesquieu, Rousseau, Lavoisier, Laplace, se mantuvieron en circulación secreta todavía cuando se les consideró peligrosos y se prohibió su lectura. Junto con el latín, que era el punto de partida de la enseñanza en las escuelas de las ciudades, se leía el italiano, que era adorno común en el siglo XVI para toda persona culta de habla española o portuguesa; en el

39

siglo XVIII se hizo corriente el francés, y después se comenzó a aprender el inglés.

La imprenta apareció, como las universidades, antes de cumplirse medio siglo del Descubrimiento: en 1535 existía ya en México (el libro más antiguo que se conserva es de 1539). En 1583 se establece en Lima.

Durante el siglo XVII, mientras aparece en los Estados Unidos (1638), la imprenta se establece en Puebla, segunda ciudad, por su población, después de México, en el virreinato de la Nueva España (1640); en Guatemala (1641: reaparece en 1660); en las Misiones Jesuíticas del Paraguay y la Argentina —con tipos que los indios guaraníes fabricaban bajo la dirección de los sacerdotes de la Compañía de Jesús (poco antes de 1700); en Santo Domingo, según el bibliógrafo norteamericano Isaiah Thomas (hay pruebas de que existía por lo menos en la centuria siguiente). Después aparece en La Habana (1707), en Oaxaca, de México (1720), en Bogotá (hacia 1738; suspendida en 1742, reaparece en 1777), en el Ecuador (en Ambato, 1754; trasladada a Quito, 1760), en la Argentina (Córdoba, 1764; trasladada a Buenos Aires, 1780), en Cartagena de Indias (1776), en Santiago de Chile (1780), en Guadalajara, de México (1793), en Veracruz (1794), en Santiago de Cuba (1796). Durante los años que precedieron al movimiento de independencia, se instalan imprentas en Montevideo (1807), en Caracas, en San Juan de Puerto Rico (1808), y en Guayaquil (1810).

En el Brasil se estableció la primera imprenta en 1706; el gobierno la suprimió. No la hubo de nuevo hasta 1808, cuando el rey de Portugal se trasladó al Brasil.

En México llegaron a funcionar simultáneamente, en el siglo XVIII, seis imprentas, una de ellas (la de Eguiara) con tipos griegos y hebreos; en Puebla, tres; en Lima, seis.

Los impresos mexicanos de la época colonial, hasta 1821, se acercan a 12 000; los de Lima, a 4 000.

Los primeros periódicos aparecen en el siglo XVII. Desde antes de 1600 se imprimían hojas sueltas, en las capitales de los dos virreinatos, con noticias europeas.

La primera *Gaceta de México* sale en 1667; todavía no se publica periódicamente: aparece de tarde en tarde. En el siglo XVIII se trató de imprimirla con regularidad; sólo se logró durante breves períodos: de enero a junio de 1722, bajo la dirección del sacerdote Juan Ignacio de Castorena (1668-1733), y de 1728 a 1738, bajo la dirección de Juan Francisco Sahagún de Arévalo; le siguió el *Mercurio de México*, 1740-1742; finalmente, la última *Gaceta de México*, dirigida por el militar y poeta Manuel Antonio Valdés (1742-1814): duró desde enero de 1784 hasta diciembre de 1809 y la sustituyó, en enero de 1810, la *Gaceta del Gobierno de México*, publicación oficial (las anteriores habían sido empresas de particulares), que se mantuvo hasta la terminación del dominio español en el país, en septiembre de 1821. Guatemala tuvo de 1729 a 1731 su *Gaceta*; con igual nombre aparece allí otro periódico en 1794, dirigido por el jurista Jacobo de Villaurrutia, nativo de Santo Domingo (1757-1833), y sobrevive hasta 1816. En el Perú se inicia la publicación de la *Gaceta de Lima* en 1743; dura hasta 1767; reaparece de 1793 a 1795, luego de 1798 a 1804 y de 1810 a 1821. Hubo además periódicos informativos, antes de la terminación del régimen colonial, en La Habana (desde 1764), en Bogotá (desde 1785), en Buenos Aires (desde 1801), en Veracruz (1805), en Santiago de Cuba (1805), en San Juan de Puerto Rico (1807), en Montevideo (1807), en Guadalajara de México (1809), en Santo Domingo (1821).

El primer periódico cotidiano de la América española es el *Diario Erudito, Económico y Comercial* de Lima, de octubre de 1790 a septiembre de 1793, bajo la dirección del español Jaime Bausate y Mesa; el segundo fue el *Diario de México*, fundado por Villaurrutia (el de la *Gaceta de Guatemala*), con ayuda del historiador mexicano Carlos María de Bustamante (1774-1848); duró hasta 1817.

Merecen atención los periódicos dedicados a la literatura y a las ciencias; fueron los principales: los cuatro que editó en México, entre 1768 y 1795, el sacerdote José Antonio Alzate (1729-1799), que cultivaba la física, la astronomía y las ciencias biológicas; el *Mercurio Volante*, en 1772, del mexicano José Ignacio Bartolache (1739-1790), médico y matemático; el *Mercurio Peruano*, de Lima, de 1791 a 1795, cuyo principal redactor fue el físico y naturalista Hipólito Unanue (1755-1833); el *Papel Periódico*, de La Habana, de 1790 a 1804; *Primicias de la Cultura de Quito*, en 1791, dirigido por Francisco Eugenio de Santa Cruz Espejo (1747-1795), médico de saber enciclopédico; el *Semanario de la Nueva Granada*, de Bogotá, de 1808 a 1811, dirigido por el sabio físico y naturalista Francisco José de Caldas (1771-1816).

La ciencia que trajeron los europeos al Nuevo Mundo fue la del Renacimiento, en la cual se combinaban restos de la Antigüedad y de la Edad Media con resultados de investigaciones nuevas. El Descubrimiento de América es, precisamente, una de las causas de la renovación científica. Es en América, ante todo, donde los europeos se ven obligados a modificar y ensanchar sus conceptos en astronomía, en geografía física, en zoología y en botánica. En la metalurgia, que tanta importancia adquirió entonces, hubo en América innovaciones técnicas como el nuevo modo de beneficiar la plata. Después del siglo XVI hay poca actividad hasta fines del siguiente, cuando empiezan a llegar de Europa las doctrinas de la ciencia y de la filosofía propiamente modernas, representadas por Copérnico, Galileo y Descartes. En el siglo XVIII hay extraordinario interés en la ciencia, y en todos los países de América aparecen hombres dedicados a su estudio, que leen cuanto se produce en Europa y hacen trabajos que fueron contribuciones útiles para la constitución de la ciencia moderna, especialmente observaciones astronómicas y geográficas como las de Joaquín Velázquez de Cárdenas y León (1732-1786) y Antonio León y Gama (1735-1802) en México, observaciones físicas como las de Caldas, clasificaciones y descripciones de plantas y de animales: son particularmente notables las del mexicano José Mariano Mociño ( c. 1750-1821). Durante el último período del régimen colonial, muchos hombres de ciencia europeos, desde el francés La Condamine hasta el alemán Alexander von Humboldt, se trasladan a América, y su influencia es muy fructífera. Son dignas de mención, además, las grandes expediciones de investigación científica costeadas por la corona de España. La arqueología de las culturas indígenas de América se inicia entonces, y su principal monumento es la *Historia antigua de México* (1780-1781), del P. Francisco Javier Clavijero (1731-1787).

Obra muy notable para su tiempo es también el *Diccionario geográfico-histórico de las Indias Occidentales o América*, en seis volúmenes (Madrid, 1786-1789), del ecuatoriano Antonio de Alcedo (1735-1812); se tradujo al inglés (Londres, 1812-1815).

Entre los conquistadores, exploradores, funcionarios del gobierno y sacerdotes encargados de la evangelización de América, muchos se dedicaron a describir las tierras nuevas y a contar sucesos que en ella ocurrían, comenzando desde Colón con su diario de navegación y sus cartas. A veces el conquistador es poeta, como Alonso de Ercilla (1533-1594), que relató en su poema épico *La Araucana* las luchas entre los españoles y los indios de Chile. Después, gran número de escritores españoles y portugueses residieron en América durante los siglos XVI y XVII: los más eminentes fueron el novelista Mateo Alemán, iniciador de la novela picaresca española con su *Guzmán de Alfarache*, el dramaturgo Tirso de Molina, creador de Don Juan, y el historiador portugués Francisco Manoel de Melo.

Desde mediados del siglo XVI empiezan a aparecer escritores nacidos en América, y para fines de la centuria hay centenares. Unos son hijos de matrimonios de europeos; otros, descendientes de indios, o mestizos de indio y europeo. De los mestizos, el más notable es el Inca Garcilaso de la Vega (1539-1616), uno de los mejores historiadores con que cuenta la literatura castellana: su obra *Comentarios reales* es cuadro admirable de la civilización de los Incas y dramático relato de la conquista del Perú y de las posteriores luchas entre los conquistadores. Son también historiadores distinguidos los indios mexicanos Hernando Alvarado Tezozómoc (*c.* 1520 - *c.* 1600) y Fernando de Alba Ixtlilxóchitl (*c.* 1568 - *c.* 1648). Mestizos eran el historiador neogranadino Lucas Fernández de Piedrahita (1624-1688) y el escritor cuzqueño Juan de Espinosa Medrano (*c.* 1640-1682), fino crítico de literatura y autor dramático. Entre los descendientes de europeos se cuentan el obispo ecuatoriano Gaspar de Villarroel (*c.* 1587-1665), los chilenos Pedro de Oña (1570 - *c.* 1643), autor de extensos poemas narrativos como *El vasauro*, de estilo muy florido, y *Arauco domado* (Lima, 1596), primera producción poética de autor nacido en América que se dio a las prensas, y Francisco Núñez de Pineda Bascuñán (1607-1682), que relató su *Cautiverio feliz* de siete meses (1629) entre los indios araucanos; los brasileños Fray José de Santa Rita Durão (1722-1784), autor del poema *Caramurú* (1781), y José Basilio da Gama (1740-1795), autor del poema *Uruguay* (1769), que pintan la naturaleza de América y la vida de los indígenas; los poetas latinistas Francisco Javier Alegre (1729-1788), Diego José Abad (1727-1779) —mexicanos ambos— y Rafael Landívar (1731-1793), que en su hermoso poema *Rusticatio mexicana* (1781-1782) describe el paisaje y las costumbres de México y de su nativa Guatemala; el dramaturgo brasileño Antonio José de Lisboa (1705-1739), judío a quien quemó en la hoguera la Inquisición de Portugal y a quien se llamaba "el Molière portugués-americano". Sobresale entre todos los descendientes de europeos el mexicano Juan Ruiz de Alarcón (*c.* 1580-1639), que se trasladó a Madrid cuando contaba unos treinta y tres años y allí dio a la escena sus comedias; es una de las cuatro figuras mayores del gran teatro español del siglo XVII, con Lope de Vega, Tirso de Molina y Calderón. En sus obras adopta el sistema dramático español de su tiempo, la comedia de la vida común de los nobles y los hidalgos, llamada comúnmente "comedia de capa y espada"; pero él lo matiza con las notas graves de su espíritu reflexivo. Su comedia más conocida, *La verdad sospechosa*, fue imitada en Francia por Corneille en *Le menteur*, y así resulta el antecedente mediato de Molière. Como americanos deben contarse Bernardo de Valbuena (*c.* 1562-1627) y el P. Antonio Vieira (1606-1697), que vinieron de niños al Nuevo Mundo y aquí se formaron: Valbuena es uno de los poetas más brillantes de la lengua castellana, autor de la novela pastoril *Siglo de oro*, que contiene églogas muy pintorescas, del poema heroico y fantástico *El Bernardo*, comparable con *La reina de las hadas*, de Edmund Spenser, y del poema breve *Grandeza mexicana*, elogio de la capital del virreinato de la Nueva España. Vieira es uno de los principales oradores y maestros de la prosa en portugués: defendió siempre al Brasil contra los abusos de los gobernantes y de los mercaderes venidos de Europa y predicó la abolición de la esclavitud. Las mujeres no estaban ausentes de la literatura: así aparecen, entre muchas poetisas, la monja Leonor de Ovando, en Santo Domingo, la más antigua de todas las cultísimas peruanas Clarinda y Amarilis (sólo conocemos sus seudónimos), y, entre las escritoras en prosa, la elocuente monja de Nueva Granada Sor Francisca Josefa de la Concepción, a quien era costumbre llamar "la Madre Castillo", según su apellido de familia. La más ilustre es la poetisa de México Sor Juana Inés de la Cruz (1651-1695), último de los grandes poetas de la lengua castellana en los Siglos de Oro; escribió poesías delicadamente expresivas de sentimientos de amor o de devoción religiosa, o exquisitamente imaginativas, o ingeniosas, como su célebre defensa de las mujeres ("Hombres necios, que acusáis / a la mujer sin razón"); escribió comedias y autos sacramentales a la manera de Calderón, villancicos para iglesias —breves representaciones cantadas—, y cartas magníficas, sobre todo la autobiográfica, en que cuenta la singular historia de sus estudios.

Los españoles y los portugueses trajeron a América el drama europeo cuando todavía no abandonaba las formas de la Edad Media: representaciones religiosas, alegorías morales, farsas cómicas. A medida que el drama se desarrolla en Europa, sus nuevas formas se transportan a las colonias de España y

Portugal. A fines del siglo XVI, las ciudades de México y Lima tenían teatros permanentes, donde se representaban obras, tanto de autores europeos como de autores locales. Con el tiempo, todas las ciudades importantes tuvieron teatros públicos.

La música y la danza europeas, a poco de trasplantadas, producen formas nuevas: canciones y bailes como la gayumba, el zambajalo, la chacona, que fueron adoptadas luego en Europa. Durante los siglos XVI y XVII se cultivaron las formas polifónicas de la música, especialmente en la iglesia; desde alrededor de 1700 se componen óperas en México y en el Perú; en 1750 se organiza la primera orquesta sinfónica (en Caracas). El grupo sobresaliente de compositores es el venezolano del siglo XVIII: en él se distinguieron el P. Pedro Palacios Sojo, Lino Gallardo y José Ángel Lamas.

Distingue a la época colonial el florecimiento de las artes plásticas. Desde temprano vinieron a América arquitectos, escultores y pintores de España y de Portugal, a veces de Italia, o de Francia, o de Flandes, que practicaron y enseñaron técnicas europeas. Se formaron con el tiempo grandes grupos o escuelas de artistas, y fueron muy activas las de México, Puebla, Guatemala, Bogotá, Quito, Lima, el Cuzco, Potosí, y en el Brasil, San Salvador de Bahía, Recife de Pernambuco, Ouro Preto, Río de Janeiro. El trabajo fue cuantitativamente enorme: millares de iglesias, de edificios oficiales, de palacios y casas de particulares, centenares de fortalezas, de puentes, de fuentes públicas, millares de cuadros religiosos, para las iglesias y para las familias, centenares de retratos, centenares de estatuas policromas.

Buena parte de estas obras son de alta calidad

artística. Es asimismo importante el esfuerzo de las artes industriales, especialmente los muebles, los tejidos y bordados, la alfarería, la orfebrería, los trabajos en hierro y en bronce. Tanto en las vasijas de barro y en la vajilla de metal como en las alhajas, por ejemplo, se mantiene hasta nuestros días la herencia de la época colonial, y hasta en formas artísticas como las calabazas (jícaras y mates) y las cajas de madera pintadas.

Entre los pintores se señalaron, en México, los miembros de las familias Echave y Juárez, Juan de Herrera, a quien llamaron "el divino", como al poeta español de igual apellido (siglo XVII), y Miguel Cabrera (1695-1768), en Bogotá Gregorio Vázquez de Arce (1638-1711), en Quito Miguel de Santiago († 1673), en el Cuzco Juan Espinosa de los Monteros (siglo XVII), en Charcas Melchor Pérez de Holguín (siglo XVIII); entre los escultores, en Guatemala Alonso de La Paz (1605-1676), en Quito el Padre Carlos (siglo XVII), Gaspar Zangurima (siglo XVIII) y Manuel Chilli, a quien llamaban Caspicara (siglo XVIII), y en el Brasil Antonio Francisco Lisboa (1730-1814), llamado "el Aleijadinho" (el mutilado), que fue además gran arquitecto.

La arquitectura de tipo europeo aparece en los países dominados por España poco después del Descubrimiento. En los primeros edificios, los de Santo Domingo y Puerto Rico, se combinan las formas de la Edad Media (la estructura es ojival) con las del Renacimiento (sobre todo en las portadas, con arcos de medio punto; es el "estilo isabelino", que corresponde a la época de Isabel la Católica. A veces hay reminiscencias del arte mudéjar. Sucede al estilo isabelino el plateresco, así llamado porque su ornamentación hace pensar en joyas labradas por plateros; después, durante breve tiempo, el severo estilo clasicista al modo de Herrera, el constructor del

Monasterio del Escorial en España: a este estilo pertenece la Catedral de México, el más imponente de todos los monumentos de la época colonial (inaugurada en 1656). Entrado ya el siglo XVII, se adopta el estilo barroco: estilo menospreciado después, pero ahora plenamente rehabilitado por autores como Wölfflin y Sitwell.

Desde alrededor de 1600 los arquitectos son, en su mayor parte, nacidos en el Nuevo Mundo, y acaban por desarrollar formas estilísticas originales. En el siglo XVIII, y en México sobre todo, el barroco avanza hacia complicaciones distintas de las que se imponían en Europa, y se produce el ultrabarroco (designación reciente que sustituye a la inadecuada de churrigueresco). En las complicaciones del ultrabarroco de América se mantienen definidas las grandes líneas estructurales, y sólo en las porciones ornamentales hay profusión. Son muchas las construcciones de grande importancia artística. En opinión de un crítico europeo, cuatro de las ocho obras maestras de la arquitectura barroca en el mundo se hallan en América: el Sagrario de la Catedral de México, el Colegio de los Jesuitas en Tepotzotlán, el Convento de Santa Rosa en Querétaro y la Iglesia de San Sebastián de Santa Prisca, en Taxco. Con el tiempo, este estilo americano refluyó sobre España, y así lo señalan críticos españoles como Enrique Díez-Canedo y Juan de la Encina. Además, como estilo local, apareció en Puebla y se extendió a la comarca circunvecina el estilo talaveresco, que adornaba con azulejos multicolores las fachadas de los edificios.

Por fin, en las postrimerías de la época colonial llega de Europa la reacción clasicista del siglo XVIII, el estilo comúnmente llamado neoclásico: uno de sus mejores ejemplares es la Iglesia del Carmen

(1802-1807), en Celaya, obra de Francisco Eduardo Tresguerras (1745-1833), que antes había dirigido la construcción de Santa Rosa en Querétaro.

Mientras en los países de habla española se creaban formas originales, en el Brasil se mantuvo siempre el carácter portugués en la arquitectura, salvo una que otra innovación de detalle, y se construyeron edificios de fino carácter barroco, especialmente en Bahía, Olinda y Recife de Pernambuco, Río de Janeiro y Minas Geraes.

## IV. LA INDEPENDENCIA, 1800-1825

EL PENSAMIENTO de que las colonias americanas se hicieran independientes de España y de Portugal es muy antiguo. Era natural que los indios, y en particular los que pertenecían a los dos grandes imperios subyugados, México y Perú, pensaran en recobrar el dominio de sus tierras nativas: los levantamientos, mayores o menores, comienzan temprano y se repiten hasta el célebre de Túpac Amaru, descendiente de los Incas, en 1780. Los europeos también, y descendientes suyos después, iniciaron rebeliones, comenzando con la de Gonzalo Pizarro, hermano del conquistador del Perú (1542-1544), y la de Martín Cortés, hijo del conquistador de México (1566), en las cuales se llegó a tratar de la secesión, aunque no existen pruebas de que los jefes aceptaran la idea. De todos modos, ninguno de esos levantamientos, fuesen de indios, de españoles o de criollos, alcanzó a poner en serio peligro la unidad del imperio español.

Pero además, de tarde en tarde, hay quienes prevén la independencia como hecho fatal en el futuro, aunque no lo comentan con ánimo rebelde, y en 1783 el Conde de Aranda, ministro de Carlos III de España, aconsejó a su rey la creación de tres monarquías, con infantes españoles como reyes, una en la América del Norte y dos en la del Sur.

Como en los países de habla castellana, hubo en el Brasil, antes del siglo XIX, conspiraciones y levantamientos; todos fracasaron. El más importante fue la "Infidencia Mineira" (de Minas Geraes), encabezada por Tiradentes (Joaquim José da Silva Xavier,

51

1748-1792) y apoyada —caso interesante— por cuatro de los mejores poetas brasileños: Claudio Manoel da Costa (1728-1789), Thomas Antonio Gonzaga (1744-1810), Alvarenga Peixoto (1744-1793) y Barbosa Lage (1761-1793).

Tres hechos provocaron, al fin, el movimiento de secesión de las colonias: la independencia de los Estados Unidos (1776); la Revolución francesa (1789); la invasión napoleónica en España y Portugal (1807).

Desde mediados del siglo XVII se comenzó (según queda dicho) a leer obras de pensadores franceses e ingleses en quienes se encontraron doctrinas como la del contrato social (que arrancando de Grocio y de Altusio había llegado, a través de Spinoza y Locke —entre tantos otros—, hasta Rousseau), la soberanía popular, la división de poderes en el gobierno de las naciones. Estas doctrinas adquirieron vitalidad peligrosa —peligrosa para la autoridad tradicional— con los posteriores acontecimientos de la América septentrional y de Francia; contrariando las prohibiciones, no sólo se persistió en la lectura de las obras que contenían aquellas doctrinas, sino que se leyeron los documentos de ambas revoluciones y los escritos de pensadores que participaron en ellas o las apoyaron, como Jefferson. La *Declaración de los derechos del hombre* promulgada por la Asamblea Constituyente de París fue traducida por Antonio Nariño (1765-1823) e impresa clandestinamente en Bogotá (1794); circuló en buena parte de América.

Cuando Napoleón invade la Península Ibérica, los reyes de Portugal se trasladan al Brasil con más de diez mil personas, entre séquito y funcionarios (salen a fines de 1807; llegan a principios de 1808); el rey de España abdica.

Las colonias españolas se encontraron frente a una situación sin precedentes: no tenían gobierno legítimo, porque su rey había abdicado y no querían reconocerle derechos al usurpador. La tendencia inicial consiste en desconocer la autoridad de Napoleón y proclamar fidelidad al depuesto monarca español. El órgano de esta tendencia es, en muchas ciudades, el ayuntamiento o cabildo municipal, única autoridad cuyo origen podría decirse que emanaba del pueblo, siquiera en parte, sobre todo cuando asumía la forma de "cabildo abierto", con participación de ciudadanos que no ejercían función oficial: así se combinaban la doctrina de la soberanía popular, muy en boga entonces entre los hombres ilustrados, y la antigua práctica española. Este movimiento fracasó en México (septiembre de 1808); triunfó, temporalmente, para quedar vencido después, en La Paz (julio de 1809), Quito (agosto de 1809), Caracas (abril de 1810), Bogotá (julio de 1810), Santiago de Chile (julio y septiembre de 1810); sólo en Buenos Aires (mayo de 1810) se impuso de modo definitivo: desde entonces el poder local quedó en manos de argentinos.

Mientras tanto, en España, en la parte que la invasión napoleónica no alcanzó a dominar, se convocó a cortes, según otra antigua tradición, y las "provincias de ultramar" enviaron representantes suyos. Este congreso celebró sus más importantes reuniones en Cádiz, donde españoles y americanos trabajaron juntos en redactar y discutir la primera Constitución de España, promulgada en marzo de 1812: tuvo orientación liberal. Decretaron, además, la libertad de imprenta (noviembre de 1810) y suprimieron el tribunal de la Inquisición (febrero de 1813). Entre los americanos, el que con mayor ahinco trabajó en darle forma a la Constitución fue el ecuatoriano José Mejía (1777-1813): se le consideraba el mejor orador de las Cortes.

Pero la inquietud de América no podía detenerse ahí: la aspiración a la independencia estaba en todas partes, y pronto asoma en muchos lugares. En la América del Norte, la insurrección comienza en México, en septiembre de 1810; la independencia queda consumada en 1821; como consecuencia, se declara libre, sin lucha, la América Central: Guatemala, desde cuya capitanía general se gobernaban las demás regiones, El Salvador, Honduras, Nicaragua Costa Rica.

En la América del Sur, el movimiento parte de dos focos: Venezuela y la Argentina. Desde 1782 había concebido el proyecto de liberar la América española el venezolano Francisco de Miranda (1750-1816), "el Precursor", hombre de carrera singular, que en nombre de España colaboró (1781-1782) en la guerra de independencia de los Estados Unidos, y después, como general de la Francia revolucionaria (1792), se apoderó de la ciudad de Amberes (su nombre figura en el Arco de Triunfo de la Estrella, en París); además recorrió toda Europa, hasta Turquía, Rusia y Suecia. Inició la campaña de Venezuela en 1806, fracasó, llevó allí nueva expedición en 1810, fracasó de nuevo y murió en prisión. Directamente, o a través de la Logia Lautaro, influye en muchos libertadores de América, entre ellos Bolívar, San Martín, O'Higgins. Simón Bolívar (1783-1830), hombre de genio militar, liberta al fin a Venezuela, después a Nueva Granada y al Ecuador. Mientras tanto, José de San Martín (1778-1850), otro militar de genio, asume (1812) la dirección de la campaña que había comenzado en la Argentina en 1810, lleva luego la guerra a Chile (1817), donde colabora con él Bernardo O'Higgins (1776-1842), y finalmente al Perú

(1820). Las batallas finales de la campaña sudamericana quedaron encomendadas a Bolívar, que ganó la de Junín (6 de agosto de 1824), y a su lugarteniente Antonio José de Sucre (1793-1830), que triunfó en Ayacucho contra catorce generales españoles (9 de diciembre de 1824). Con el estímulo de las campañas de Bolívar, las Antillas españolas trataron de hacerse independientes: lo alcanzó, sin pelear, Santo Domingo (1821); Cuba y Puerto Rico permanecieron sometidas a España hasta 1898.

La serie de las declaraciones de independencia es la siguiente: Venezuela, 5 de julio de 1811; Nueva Granada (la actual Colombia), 16 de julio de 1813 (declaración confirmada el 17 de diciembre de 1819, al unirse con Venezuela bajo el nombre de Colombia); Paraguay, 12 de octubre de 1813; México, 6 de noviembre de 1813 (Congreso de Chilpancingo); Argentina, 9 de julio de 1816 (Congreso de Tucumán); Chile, 12 de noviembre de 1817; Ecuador, 9 de octubre de 1820; Perú, 28 de julio de 1821; América Central, 15 de septiembre de 1821; Santo Domingo, 30 de noviembre de 1821. La República de Bolivia —llamada así en homenaje a Bolívar— se creó en agosto de 1825. El Uruguay se adhirió en 1811 a la revolución argentina de 1810, fue invadido por los portugueses en 1816, pero se libertó de la invasión y se proclamó república independiente en 1828. Panamá rompió con España el 28 de noviembre de 1821 y se unió a Colombia; dos veces después trató de separarse (1830 y 1840), pero fracasó el intento; lo realizó por fin el 3 de noviembre de 1903, con el apoyo de los Estados Unidos.

En el Brasil, el rey de Portugal, Juan VI, después de trece años de residir en Río de Janeiro con su corte, regresó a la metrópoli (abril de 1821), dejando a su hijo Pedro como regente de la colonia. A Pedro lo llama, poco después, el Congreso de Portugal; pero, aconsejado por amigos brasileños, especialmen-

te por José Bonifacio de Andrada e Silva (1765-1838),
opta por quedarse *(eu fico*, en portugués "me que-
do", 9 de enero de 1822), proclama la independencia
del Brasil (grito de Ipiranga, 7 de septiembre) y se
hace coronar emperador (1º de diciembre). Los dé-
biles intentos portugueses de reconquista fueron fácilmente rechazados. El imperio se organiza como
monarquía constitucional. Pedro I (1798-1834) gobernó hasta 1831, fue depuesto, y le sucedió su hijo
Pedro II (1825-1891) hasta 1889, año en que se adopta el sistema republicano.

En el proceso que produjo la independencia de la
América española tuvieron grande importancia las
teorías políticas. La doctrina de la soberanía del
pueblo, opuesta a la tradición que concentraba la
soberanía en el rey, es la base teórica en que se apo-
ya la independencia: es el pueblo quien se determina
a constituirse en nación libre. El habitante se convirtió, de súbdito, en ciudadano. El gobierno había
de ser representativo: íntegramente, si la organización era republicana, a la manera de Francia o de
los Estados Unidos; parcialmente, si la organización
era monárquica, como en Inglaterra, según muchos
pensaron: Miranda y Belgrano, entre otros, proponían que el monarca fuese uno de los descendientes
de los Incas. El sistema monárquico se ensayó en
México dos veces, pero fracasó siempre: en 1822-
1823, con Agustín de Iturbide; en 1864-1867, con
Maximiliano de Habsburgo. La libertad, según los
revolucionarios, debía ser amplia, y la igualdad completa. Se declararon nulas las discriminaciones de
clase y de raza; quedaron abolidos los títulos de nobleza. Se decidió abolir la esclavitud: así se dispone
en proclamas del cura Hidalgo, en México (septiembre de 1810), y de Bolívar, en Venezuela (julio de

56

1815), y en decretos del Congreso reunido en Chile (1811) y del triunvirato que gobernó en Buenos Aires; la abolición definitiva se cumplió después de consumada la independencia. Durante la época colonial, las razas se habían mezclado profusamente; llegaron a existir distinciones de castas (negros, indios, mulatos, mestizos y combinaciones de unos y otros) y hasta reglamentaciones legales sobre el asunto; pero tales reglamentaciones nunca fueron sistemáticas, y sí, muy a menudo, incongruentes; cualquier disposición relativa a los aborígenes (como las que pretendieron vedarles la entrada en la Universidad de Lima en el siglo XVIII) chocaba con las que en el siglo XVI recomendaban el matrimonio entre españoles y nativos (1503 y 1514; confirmadas en 1680) y establecían enseñanza superior para los indios. En la práctica estas distinciones estaban sujetas a infinita variación y modificación; nunca existió discriminación bien definida. "Las castas coloniales fueron resultado del mestizaje", dice el investigador argentino Ángel Rosenblat; pero, al persistir, "el proceso mismo del mestizaje tendió a la disolución de las castas". En realidad, el español, hombre del Mediterráneo, antiquísimo lugar de confluencia de pueblos y de culturas, no tenía prejuicios arraigados de raza; tampoco, y menos quizá, los tenía el portugués. Las doctrinas igualitarias del siglo XVIII dieron nuevo apoyo a esta actitud tradicional en la América española, y las campañas libertadoras les dieron expresión oficial. Otra consecuencia de ellas fue la supresión de los tributos y cargas que soportaban los indios, como la mita en el virreinato del Perú; se trató de abolir la virtual servidumbre de los nativos: problema que, como no dependía de las leyes, ha quedado pendiente de solución, y sólo en México ha empezado a resolverse. Se declararon libres las actividades económicas; uno de los mayores estorbos del régimen colonial había sido la prohibición de todo comercio que no fuese con España (sólo se la modificó parcialmente en el siglo XVIII); de ahí el contrabando, que en gran escala practicaron ingleses, franceses y holandeses. La imprenta, por fin, quedó libre.

Hubo en el Brasil tanta fermentación de principios políticos como en la América española. El gobierno se convirtió en monarquía constitucional en 1820, antes de la independencia. Después se votó la Constitución del Imperio y fue promulgada en marzo de 1824. Se conservaron los títulos de nobleza, pero se borró la tacha de inferioridad que afectaba al trabajo manual, y el tener ascendientes obreros dejó de ser impedimento para el desempeño de funciones públicas.

Mientras se peleaba para conquistar la independencia, se trataba de destruir el sistema colonial y reemplazarlo con una organización social moderna, no solamente en el orden político y en el económico, sino también en el de la cultura. Planes de reforma de la instrucción pública acompañan a veces las proclamas o las constituciones. El ideal de muchos próceres fue extender la cultura a todo el pueblo y darle como base la ciencia moderna. En medio de la contienda se fundaron la Academia Lauretana (1821), convertida a poco (1827) en Universidad de Arequipa; la Universidad de Antioquia, en Nueva Granada (1822); la de Trujillo, en el Perú (decreto de Bolívar, 1824); las Escuelas Náuticas de Cartagena y Guayaquil; la Biblioteca Pública de Buenos Aires (septiembre de 1810), obra de Mariano Moreno (1778-1811), el alma de la Revolución de Mayo; la de Montevideo (1816); la de Santiago de Chile, y la de Lima, fundada por San Martín (1821); el Museo de Ciencias de Bogotá (1823). En lugares diversos se dispone que los conventos enseñen al pueblo a leer y escribir: así lo habían hecho en el siglo XVI, pero después olvidaron la costumbre.

No era mucho, desde luego, lo que podía emprenderse en medio de la lucha política y militar, de modo que la principal expresión de cultura fue la que mejor servía a la causa de la libertad: la prensa. En este breve período salieron a luz periódicos en número mayor que durante toda la época colonial.

Mariano Moreno fundó la *Gaceta de Buenos Aires* en junio de 1810 (duró hasta septiembre de 1821). Miguel Hidalgo (1753-1811), el cura de Dolores, iniciador de la campaña libertadora en México, hizo publicar en Guadalajara (diciembre de 1810 a enero de 1811) *El Despertador Americano*, bajo la dirección de otro sacerdote, Francisco Severo Maldonado (c. 1770-1832), especie de socialista espontáneo; en el campo de la insurrección apareció después el *Ilustrador Nacional* (abril-mayo de 1812), dirigido por el doctor José María Cos (1774-1819), sacerdote también, que improvisó su imprenta fabricando él mismo tipos de madera; en total la insurrección de México tuvo quince órganos periodísticos, entre 1810 y 1821 (y el país, en conjunto, cuarenta). Venezuela tuvo el *Semanario de Caracas* (noviembre de 1810; duró hasta 1811), *El Mercurio Venezolano* (enero de 1811) y *El Patriota Venezolano*, órgano de la Sociedad Patriótica (junio de 1811), durante el período que media entre el cabildo abierto de abril de 1810 y la proclamación de la independencia en julio de 1811. Entre los que tuvo después se distingue *El Correo del Orinoco*, bajo la dirección de Zea, en Angostura (1818-1821). Camilo Henríquez (1769-1825) editó *La Aurora de Chile* (1812-1813) en Santiago, primer periódico que existía en el país: despertó extraordinario entusiasmo. Y así tantos otros, como *El Diario Político de Santa Fe de Bogotá* (1810-1811), dirigido por Caldas y Joaquín Camacho (no aparecía diariamente, a pesar de su nombre), el *Argos Americano*, de Cartagena de Indias (1810-1812), trasladado luego a Tunja (1813-1815) y después a Bogotá (1815-1816), *La Bagatela*, de Bogotá (1811-1812), bajo la dirección de Nariño; de 1810 a 1825 salieron en Nueva Granada cerca de cincuenta periódicos distintos.

En ciudades que se mantuvieron bajo el dominio de los españoles durante la campaña salían periódicos para combatir a los patriotas, pero la libertad de imprenta decretada por las Cortes de España permitió la salida de otro tipo de prensa, que, si no se atrevía a abogar francamente por la independencia, a lo menos comentaba con vivacidad los problemas del día. Tales fueron, entre muchos, en Lima, *El Cometa* (1811-1814), *El Peruano* (1811-1812) y *El Argos Constitucional* (1813); en La Habana, *El Americano Libre* (1820); en Santo Domingo, *El Telégrafo Constitucional* (1821); en México, los de Carlos María de Bustamante y los de Joaquín Fernández de Lizardi (1776-1827), que llegó a adoptar como seudónimo el título de la más conocida de sus revistas, *El Pensador Mexicano* (1812-1814). Se imprimían, además, muchos folletos polémicos: Fernández de Lizardi por sí solo alcanzó a dar a las prensas unos trescientos durante su vida.

Finalmente, los patriotas publicaban periódicos y folletos en ciudades extranjeras, y particularmente en Londres, asilo entonces de tantos devotos de la libertad oprimida: así, *El Colombiano* (1810), de Francisco de Miranda, *El Censor Americano* (1810), del guatemalteco Antonio José de Irisarri (1786-1868), y las revistas del venezolano Andrés Bello (1781-1865) y del colombiano Juan García del Río (1794-1856): *Biblioteca Americana* (1823) y *Repertorio Americano* (1826-1827); estas dos grandes revistas no se limitaban a defender la causa de la independencia, y contenían estudios sobre temas muy variados de información sobre el movimiento científico europeo, con el fin de difundir la ilustración en América.

Al establecerse en el Brasil los reyes de Portugal se realizaron muchas innovaciones: se decretó el comercio libre con naciones amigas (1808), se creó el Banco del Brasil, se abrieron las puertas a la inmigración extranjera, se estableció la imprenta (1808), se fundaron en Río de Janeiro las Academias de Marina (1808) y de Cirugía (1816), la Escuela de Bellas Artes (1816), el Museo, el Jardín Botánico (1811), la Biblioteca Pública (1811) y el Teatro Real (1809), todos en Río de Janeiro, y la Escuela de Medicina en Bahía (1816). Aparecieron los primeros periódicos brasileños; el primero fue la *Gazeta do Rio de Janeiro* (1808); acaso el de mayor interés es uno que se publicó fuera del país, en Londres: el *Correio Brasiliense* (1808-1823), donde Hypolito José de Costa Mendonça (1774-1823) propagaba la idea de la independencia.

Los próceres de la independencia fueron, en su mayor parte, hombres de pensamiento a la vez que hombres de acción; el pensamiento preparó y dirigió la acción. No pocos de ellos eran universitarios. Miranda tuvo curiosidad insaciable e inmensa de lectura: se le consideraba, dice John Adams, "hombre de conocimientos universales" *(a man of universal knowledge)*; Ezra Stiles, el presidente de Yale College, lo llamaba "hombre sabio y ardiente hijo de la libertad" *(a learned man and a flaming son of liberty)*. Bolívar, gran lector y gran viajero, escribió páginas admirables en sus cartas, dedicó gran atención a los principios políticos y redactó dos constituciones, la primera de la "Gran Colombia", en 1819 (con la colaboración de Francisco Antonio Zea, 1770-1822), y la primera de Bolivia, en 1826. Mariano Moreno estudió problemas sociales y económicos, señaladamente en su disertación *Sobre el servicio personal de los indios;* leída en Charcas (1802), y en la *Representación de los hacendados y labradores* ante el virrey de Buenos Aires en solicitud del comercio libre con países extranjeros (1809); tenía estilo elocuente. Hidalgo se había ocupado en enseñar a sus feligreses industrias y oficios; había sido rector del Colegio de San Nicolás, en Valladolid de Michoacán; había traducido obras del teatro francés. José Núñez de Cáceres (1772-1846), autor de la independencia de Santo Domingo en 1821, fue jurisconsulto y escritor; en 1815 había sido rector de la Universidad de Santo Tomás de Aquino. Y entre tantos otros patriotas que fueron juristas, escritores, oradores o poetas figuran, en México, Fray Servando Teresa de Mier (1763-1827), cuya autobiografía tiene animación de novela picaresca, y Andrés Quintana Roo (1787-1851); en Centro América, José Cecilio del Valle (1780-1834) y Fray Matías de Córdoba *(c.* 1750-1829); en Colombia, Francisco de Paula Santander (1792-1840), "el hombre de las leyes", primer presidente de la nación después de separada Venezuela y Ecuador; en Chile, Camilo Henríquez; en la Argentina, Bernardo de Monteagudo *(c.* 1787-1825), Manuel Belgrano y José María Paz (1782-1854), generales los dos últimos. Hasta el general venezolano José Antonio Páez (1790-1873), que al estrenarse como guerrero era hombre de escasa cultura, se dedicó a instruirse, y en la vejez escribió sus memorias.

Este período, por su brevedad, y por sus necesarias inquietudes, apenas podía producir obras de arte: edificios, desde luego, ninguno, ni estudios; en pintura, sólo retratos de héroes; en música, himnos de guerra. Literatura sí hubo, en gran abundancia; fue, en su mayor parte, literatura de intención política o social. Las primeras novelas escritas y publicadas en la América hispánica son de entonces: las cuatro de Fernández de Lizardi; *El Periquillo Sarniento*, la primera y la más conocida, es novela picaresca todavía, pero las lecciones sociales que trata de inculcar proceden de la "Ilustración" del siglo XVIII.

El teatro también se utilizó como medio de estimular el patriotismo y de propagar principios políticos y sociales. Hay propósito polémico hasta en obras de erudición como la *Biblioteca hispanoamericana septentrional* del canónigo mexicano José Mariano Beristáin de Souza (1756-1817), publicada (1816-1821) durante la guerra: copiosa bibliografía, en tres volúmenes, de la producción escrita en México, la América Central y las Antillas durante tres siglos.

La poesía se pone al servicio de la libertad. Parte de esta poesía tiene origen popular, anónimo, como las conmovedoras coplas en honor de Morelos, otro sacerdote convertido en general, como Hidalgo:

> Por un cabo doy dos reales,
> por un sargento un doblón;
> por mi general Morelos
> doy todo mi corazón.

Otra parte está escrita por poetas cultos en lenguaje popular. Como el más interesante de estos poetas se destaca Bartolomé Hidalgo (1788-1823), que nació en el Uruguay y trabajó por la independencia de la Argentina. Con él se inaugura en la zona del Río de la Plata la poesía gauchesca, distinta de la poesía gaucha, compuesta por los campesinos a quienes se les llamaba gauchos, mientras la poesía gauchesca se refiere a ellos, pero se escribe en las

63

ciudades. Hidalgo compuso *cielitos*, para cantar en los campamentos, y diálogos en verso.

Finalmente, la poesía culta celebró los triunfos de la revolución. Se escribieron muchos himnos y odas. Sobresale entre éstas *La Victoria de Junín* (1825), del ecuatoriano José Joaquín de Olmedo (1780-1847), en elogio de Bolívar: está en el estilo clasicista del siglo XVIII, que Olmedo manejaba magistralmente. Olmedo, que fue diputado de Guayaquil en las Cortes de Cádiz, hizo además una traducción del *Ensayo sobre el hombre*, de Pope. Otro poeta, el cubano José María Heredia (1803-1839), ensalzó igualmente a Bolívar y a Washington; fue el cantor de las desgracias de Cuba, que no logró entonces su independencia (él mismo participó en la frustrada conspiración de la Orden de los "Soles y Rayos de Bolívar", en 1823). Sus mejores odas son *El teocalli de Cholula* (1820) y *Niágara* (1824): ésta tuvo tanta fama en todos los pueblos de habla española, que al autor se le llama todavía "el cantor del Niágara". Dos odas no menos célebres que las de Olmedo y Heredia escribió el venezolano Andrés Bello (1781-1865) bajo el título de *Silvas americanas*: la primera, *Alocución a la poesía* (1823), contiene una declaración de independencia intelectual de la América española, comparable a la de Channing en su ensayo *On National Literature* (1823) y a la de Emerson en su discurso *The American Scholar* (1837); la segunda, *La agricultura de la zona tórrida* (1826), excita a las "jóvenes naciones" a dedicarse a tareas civilizadoras. Bello era en su tiempo el hombre de más vasta cultura en el Nuevo Mundo: enseñó disciplinas filosóficas y produjo un tratado docto y a la vez original, *Filosofía del entendimiento*; enseñó derecho: fue el principal autor del Código Civil de Chile (1855), y compuso uno de los primeros tratados importantes de derecho internacional; escribió una extensa *Gramática de la lengua castellana* y una breve *Métrica,* fundamentales ambas y no igualadas hasta ahora; emprendió investigaciones de historia literaria, y esclareció antes que nadie los orígenes de la rima asonante; hizo traducciones de Horacio (como muchos de sus contemporáneos) y de Plauto, de *Los Nibelungos* (fragmentos) y del *Orlando* de Boiardo, de Byron y de Victor Hugo. En su vida pública, después de haber servido a su país como agente de la revolución en Londres, donde vivió de 1810 a 1829, ejerció en Chile durante más de treinta años funciones de maestro y de consejero del gobierno en cuestiones jurídicas, reorganizó y presidió la Universidad (1843) y en general dio orientaciones a la cultura.

A José Bonifacio de Andrada e Silva, orador y poeta, autor verdadero de la independencia del Brasil, se le estimaba como el hombre de mayor ilustración en el país, tanto en ciencias como en letras. En la ciencia su especialidad fue la mineralogía. José da Silva Lisboa (1756-1836) se distinguió como economista y como historiador.

# V. DESPUÉS DE LA INDEPENDENCIA, 1825-1860

EL PROCESO de la independencia se desarrolló sin tropiezos muy graves en el Brasil. El país, desde entonces, empezó a adoptar formas modernas de vida pública y de vida social; la actividad económica se multiplicó, libre de las trabas coloniales; prosperaron las iniciativas de cultura.

La Constitución del Imperio, en 1824, establecía cuatro poderes: además del ejecutivo, el legislativo y el judicial, clásicos entonces para todo lector de Montesquieu, el poder moderador, derivado de Benjamin Constant. El poder moderador, en este caso, estaba representado por el monarca. El legislativo residía en la asamblea, compuesto de cámara renovable y senado vitalicio.

Esta constitución se mantuvo hasta la terminación del Imperio en 1889; recibió retoques, sin embargo, desde 1832 hasta 1888. La organización del país, unitaria al principio, avanzó gradualmente hacia la forma federal: el Acta Adicional de 1834 concedió autonomía a las provincias, dándoles asambleas legislativas propias. El método de gobierno, dice el historiador brasileño Pedro Calmon, "era implícitamente parlamentario, dadas las atribuciones que tenía el soberano de disolver la cámara, las amplias funciones de ésta, y la responsabilidad, ante ella, de los ministros de la corona". En 1847 se estableció el cargo de presidente del Consejo de Ministros, responsable ante la asamblea.

En 1835 quedaron abolidos los mayorazgos, aunque subsistían los títulos de nobleza, y se suprimieron las restricciones a la libre división de tierras.

Pedro II, hombre de estudio, cultivador y protector de las ciencias y las letras, se manifestó siempre respetuoso de las leyes y de la libertad de opinión. Mitre, el historiador y estadista argentino, llamaba al Brasil "democracia con corona".

Muy distinto fue el proceso en los pueblos de lengua española. Larga y sangrienta fue la lucha para conquistar la independencia; cuando terminó, los países estaban arruinados, diezmada su población, trastornada su vida social toda. El régimen colonial no había organizado ni educado políticamente a los pueblos; los había mantenido en orden por medio de la fuerza, y la fuerza residía en la distante capital europea. Al iniciarse las campañas libertadoras, hombres de alta inteligencia y de firme carácter, capaces de osadía y de sacrificio, se pusieron al frente de ellas y les dieron forma y cauce: las multitudes acataron sus normas, porque compartían sus aspiraciones de libertad. Pero, consumada la independencia, se desataron las fuerzas anárquicas, y se inició largo período de inquietud política, oscilando entre la guerra civil y el despotismo. Ni siquiera se mantuvo la unidad de todas las naciones recién fundadas. Así, la América Central, que al declararse independiente en 1821 se unió a México, deshizo la unión en junio de 1823, y luego, en 1838-1839, se dividió en cinco pequeñas repúblicas: Guatemala, El Salvador, Honduras, Nicaragua, Costa Rica (uno de los estorbos para que la unión se reconstituyera fue la oposición del gobierno de los Estados Unidos en 1882 y 1885); México sufrió, en 1836, la separación de Texas, que se constituyó en república aparte; al anexársela los Estados Unidos en 1845, sobrevino la guerra (1846-1848), y en ella perdió el antiguo virreinato la mitad de su territorio; la "Gran Colombia", organizada bajo la influencia de Bolívar, se dividió en tres países: Colombia, llamada antes Nueva Granada, Venezuela y Ecuador.

A veces se ha supuesto que el remedio para esta situación caótica habría sido, o la monarquía, como en el Brasil, o el gobierno dictatorial de los caudillos, debidamente establecido en la ley. La verdad es que todo se ensayó —monarquía, dictadura, democracia, sistema unitario, sistema federal— y todo fracasaba. Los tiranos, como Rosas en Buenos Aires y Santa Anna en México, caían del poder, no menos que los gobernantes democráticos. Por fin, después de 1850 empezaron a tranquilizarse los pueblos. Las agitaciones no desaparecieron enteramente y subsisten todavía; los estallidos son violentos en ocasiones; pero pocas veces se ha repetido la situación extrema de los años inmediatamente posteriores a la consumación de la independencia.

No todo fue anarquía o tiranía, además. Aparte del Brasil, donde la monarquía vivió sin demasiadas inquietudes durante el reinado de Pedro II, Chile se aquietó desde 1830, con gobiernos de tipo oligárquico, sin debilidades, pero sin violencia despótica. Y en otros países hubo gobernantes de clara orientación democrática y a veces liberal, como Bernardino Rivadavia (1780-1845) en la Argentina, Valentín Gómez Farías (1781-1858) y Benito Juárez (1806-1872) en México, Vicente Rocafuerte (1783-1847) en Ecuador, Francisco de Paula Santander y Tomás Cipriano Mosquera (1798-1878) en Colombia.

En medio de estas agitaciones, los hombres de pensamiento que alcanzaban posiciones de influencia en los gobiernos o en los congresos llevaron a cabo extraordinaria tarea de transformación social. Los próceres de la independencia la habían proyectado: ahora había que convertirla en hecho. En los intervalos entre la anarquía y el despotismo, o haciéndoles frente con decisión, se legislaba, tratando de imponer normas. Las tendencias dominantes eran, en general, democráticas, con ocasionales concesiones al espíritu autoritario, como en las constituciones chilenas de 1818, 1822, 1823 y 1833. La ley se adelantaba, a veces demasiado, a los hechos; representaba el ideal y no la realidad; de todos modos, a la larga ha impuesto formas a la convivencia política.

El saber jurídico acumulado en las universidades y en las lecturas pocas veces tuvo aplicación en la época colonial, salvo excepciones como la de Antonio León Pinelo (siglo XVII), recopilador, sistematizador e historiador de las leyes de Indias, y el mexicano Francisco Javier Gamboa (1717-1794), autor del Código Carolino sobre el tratamiento de los esclavos. Ahora este saber se manifiesta en prodigioso esfuerzo legislativo.

La primera preocupación de los organizadores de estos países fue votar constituciones. Durante las guerras de independencia se redactaron y promulgaron las primeras; después vinieron muchas otras.

En 1814 se dictó la primera constitución de México (Congreso de Chilpancingo); en 1818, la de Chile (otra la sustituyó en 1822, y, a ésta, otra nueva en 1823); en 1819, la de la Argentina, país que llevaba entonces el nombre de Provincias Unidas del Río de la Plata, con gobierno central (Congreso de Tucumán, trasladado a Buenos Aires), y la de la "Gran Colombia" (Congreso de Angostura; la sustituyó en 1821 la del Congreso de Cúcuta); en 1823 la del Perú. En Santo Domingo y en la América Central, donde no hubo guerra de independencia, las primeras constituciones se dictaron, respectivamente, en 1821 y en 1824. Posteriores son las de

Bolivia (obra de Bolívar, 1826), las del Uruguay (1830; dura hasta 1916) y el Paraguay (1844; antes sólo había tenido el Reglamento de gobierno de 1813); las nuevas de la Argentina (1826, república unificada; en 1827 se desunen las provincias —salvo para la representación internacional, encomendada al gobierno local de Buenos Aires— y no vuelven a unirse hasta 1853, bajo nueva constitución, que dura hasta hoy), México (1824, a la cual siguen las de 1836, 1843 y 1857), el Perú (1828; le siguen las de 1834, 1839, 1856 y 1860), Bolivia (1831; la suceden seis más hasta 1861), Chile (1828 y 1833; la última, obra principalmente de Mariano Egaña, 1793-1846, se mantuvo hasta 1925), Santo Domingo (1844, 1854 y 1858), las de Venezuela (1830; reformada en 1857 y 1858), Ecuador (1830; reformada seis veces·hasta 1861) y Colombia (1832; reformada en 1843 y 1853), como entidades separadas, y las de Guatemala (1838 y 1851), El Salvador, Honduras (1839 y 1848), Nicaragua (1838) y Costa Rica (1844, 1847 y 1859), en situación semejante al desunirse la América Central. La inestabilidad general afectó también, como se ve, a estas cartas fundamentales, y en no pocos países ha persistido la costumbre de reformarlas cada vez que se imponen nuevas corrientes de opinión, reales o supuestas, ya redactando estatutos nuevos (como en Bolivia y en Santo Domingo), ya introduciendo enmiendas parciales (como en México y en Guatemala).

Los modelos iniciales de estas constituciones fueron la española de 1812 (especialmente para la chilena de 1822, la mexicana de 1824 y la dominicana de 1844), las francesas y la de los Estados Unidos; a veces se combinaron las tres influencias. En los sucesivos retoques y reformas posteriores aparecen innovaciones de origen local. Pocos países adoptan el sistema federativo (además del Brasil, desde 1889, México, de 1824 a 1836 y luego desde 1857, la Argentina desde 1853, Venezuela desde 1864; Colombia lo adoptó de 1863 a 1886); los demás tienen organización unitaria. En todos el gobierno es presidencial, a la manera de los Estados Unidos, exceptuándose en parte Chile, donde rigió largo tiempo el sistema parlamentario de responsabilidad de los ministros del gabinete ante el congreso, como en Inglaterra y Francia. El sufragio universal ha sido la aspiración de la mayoría de los autores de constituciones; de hecho, a veces queda reducido a la parte de la población que sabe leer y escribir: así en Chile, en Bolivia, en Ecuador, en Venezuela. Una de las innovaciones interesantes en el derecho constitucional es el *recurso de amparo*, de la legislación mexicana: es una reclamación, que se formula ante tribunal federal, contra autoridad o ley que lesione derechos individuales; como garantía de la vida, tuvo eficacia no menor que la del *habeas corpus*.

Las tareas legislativas, durante las guerras de independencia y en los años siguientes, se proponían como ideal sustantivo la libertad, la de los pueblos y la de los individuos. En México, en Venezuela, en Chile y en Buenos Aires (según queda dicho) se declaró que la esclavitud quedaría abolida; la abolición definitiva se dispone sucesivamente: en la "Gran Colombia", con la Constitución de 1819 (la confirmaron después las tres repúblicas en que se dividió la primitiva: Colombia, 1851; Ecuador, 1853; Venezuela, 1854); en la América Central, federada entonces, decreto de la Asamblea Constituyente, 1823; en Chile, con la Constitución de octubre de 1823; en Bolivia, con la Constitución de 1826; en México, decreto del presidente de la República Vicente Guerrero, 1829; en el Uruguay, decreto de 1843, en cumplimiento de disposiciones de la Constitución de 1830; en la Argentina, con la Constitución de 1853; en el Perú, decreto de 1854. En todos los casos, la América española independiente se anticipó a los

Estados Unidos. Sólo se mantuvo la esclavitud en Puerto Rico y en Cuba, bajo el dominio de España (hasta 1872 y 1880, respectivamente), y en el Brasil, la única nación de lengua portuguesa, mientras duró el imperio: debe observarse, sin embargo, que no quedaron allí fuertes prejuicios de raza; el Brasil es buen ejemplo de que el supuesto problema de la convivencia de razas distintas desaparece con sólo decidir que no existe y borrar toda diferencia en el trato: solución a la vez de sentido común y de fraternidad humana. En todas partes, además, se confirmaron las disposiciones dirigidas a suprimir las cargas que soportaba el nativo, si bien en el Perú hubo que esperar a 1854 para la definitiva abolición del tributo. De ahí en adelante el indio y el negro fueron explotados como los pobres del mundo entero, pero no ya porque se les señalara aparte como destinados a condición servil.

La igualdad ante la ley quedó consagrada en todas las legislaciones de la América hispánica; la igualdad social, también, en principio, con la supresión de los privilegios, de los títulos de nobleza (en el Brasil sobrevivieron sólo como forma de distinción bajo el imperio), de los mayorazgos (que en Chile —caso anómalo— se establecieron en 1833, pero desaparecieron en 1857), de toda suerte de honores hereditarios. Así, el movimiento hacia la democracia social ha sido constante y firme, mientras el avance hacia la democracia política ha sido lento.

Además de procurar ofrecer base firme a la libertad y a la igualdad, resultaba necesario modernizar la estructura jurídica de la sociedad en las relaciones de individuo a individuo: España y Portugal habían legado a los pueblos de América una vasta y confusa multitud de leyes de toda época, desde la Edad Media hasta los comienzos del siglo XIX. Había que deshacerse de esta carga, simplificando la legislación. Francia daba el ejemplo con su codificación del derecho civil (1804), del comercial (1807), del penal (1810), de los procedimientos civiles (1806) y de los procedimientos penales (1808). Así fueron apareciendo el Código civil de Bolivia (1830), el del Perú (1851), y el más original de todos, el de Chile (1855), obra principalmente de Andrés Bello; los códigos de comercio de Bolivia (1834), de Costa Rica (1853) y de la Argentina, redactado por Dalmacio Vélez Sarsfield y Eduardo Acevedo (185?); los códigos penales de Bolivia (1834) y el de Guatemala (hacia 1836). La codificación crecerá durante el resto del siglo.

El Brasil inicia sus trabajos de codificación en 1850, con la legislación comercial. En 1853 se hizo la *Consolidación de las leyes civiles,* recopiladas, ordenadas y dilucidadas por Teixeira de Freitas; no hubo código civil propiamente dicho hasta 1916.

Tres problemas fundamentales tenían ante sí los gobiernos, además del de la estructura política y jurídica de los países: el de la economía pública; el de la situación de la Iglesia en el Estado; el de la instrucción de los habitantes. Había necesidad de devolver la prosperidad a aquellos pueblos arruinados. Se adoptaron los principios liberales de economía. La medida inicial, apenas comenzadas las campañas de independencia, fue establecer la libertad plena del comercio. Después hubo mucho que suprimir: los monopolios, oficiales o particulares; la alcabala, tributo sobre las ventas, que llegaba a requerir (en México, por ejemplo) especies de aduanas internas; la "mano muerta", los bienes que estaba prohibido enajenar. En general, se trató de modificar el sistema de impuestos (entre otros, se suprimieron los diezmos que cobraba la Iglesia católica, a más de los tributos de los indios), se proyectaron obras y servicios públicos, y se procuró atraer capitales de fuera. El progreso fue muy despacioso hasta después de 1860, a causa del desasosiego político, y los empréstitos sirvieron de poco, porque los capitalistas extranjeros eran no pocas veces deshonestos en el cumplimiento de sus tratos.

En materia de religión, muchos estadistas trataron de establecer la libertad completa: no en todas partes se logró, durante los primeros tiempos; a la larga, el principio de la libertad de cultos ha llegado a figurar en todas las constituciones, hasta en las de países donde existe religión oficial, como en Costa Rica y el Paraguay, o donde, por lo menos, el gobierno nacional sostiene el culto, como sucede en la Argentina, Bolivia y Santo Domingo. El clero criollo, que había apoyado y en no pocos casos hasta promovido la independencia, no siempre estuvo de acuerdo en que el Estado se emancipara de la tutela de la Iglesia, ni aprobó la tolerancia para formas de religión que no fuesen la católica romana (hubo admirables excepciones, como la del sacerdote peruano Francisco de Paula Vigil, 1792-1875). Ni fue esa la única dificultad; la disposición sobre manos muertas afectaba de modo principal a la Iglesia y a los conventos, que eran grandes propietarios de bienes inmuebles, y además era punto de discusión si esos bienes pertenecían al Estado (así se decidió en México); hubo controversias sobre la creación del registro civil para nacimientos, casamientos y defunciones, y en particular sobre la ley que establecía el matrimonio civil (como después, en el siglo xx o poco antes, sobre las leyes que establecieron el divorcio en Santo Domingo —1897—, Honduras —1898—, Venezuela, Nicaragua, Cuba, Uruguay, Panamá, México, el Perú, Bolivia), sobre la secularización de los cementerios, sobre la enseñanza laica: principios, todos, que se impusieron en todas partes —salvo contadas excepciones— después de largas o de breves luchas. Los conventos están suprimidos en México (desde 1859), Guatemala, Honduras y Venezuela; estuvieron cerrados en el Paraguay durante el gobierno (1814-1840) del doctor Francia.

Había que reformar la enseñanza pública, finalmente, en su contenido, dando papel fundamental a la ciencia moderna, y en sus métodos. Fue lenta la transformación, gradual pero constante. En los primeros tiempos la principal innovación del método consistió en la introducción del sistema lancasteriano de enseñanza mutua, que ayudaba a remediar la escasez de maestros. Joseph Lancaster en persona, invitado por Bolívar, estuvo en Caracas en 1824; pero desde antes difundía su método el escocés James Thompson, que residió en la Argentina, invitado por Rivadavia, de 1818 a 1821, en Chile, en el Perú y en Colombia, de donde regresó a Europa en 1825. Y en Colombia lo había implantado, desde 1821, Fray Sebastián de Mora. En 1842 se establece la primera escuela normal, bajo la dirección del argentino Sarmiento, en Chile, mientras se proyectaban planes semejantes en Colombia. Antes se habían organizado en la "Gran Colombia" (1822), en el Perú, en el Uruguay (1827) y en Bolivia planteles para formar maestros; no eran todavía propiamente escuelas normales. Si la instrucción pública no se multiplicó en la medida necesaria, ello se debió a la escasez de recursos. Con todo, Santander, en Colombia, de 1827 a 1837, hizo ascender el número de las escuelas desde cerca de quinientas hasta más de mil.

Las universidades de la época colonial, al consumarse la independencia, resultaron a veces contrarias a los movimientos innovadores y hubo que reformarlas. En general se procuró convertir en laicas las que estaban —eran la mayoría— bajo el dominio de hombres de iglesia, y, salvo contadas excepciones, se suprimió la facultad de teología, cuya enseñanza se confinó en los seminarios tridentinos. En México se desarticuló la Universidad (1833); sobrevivieron, separadas (hasta 1910), las escuelas que la componían. La de Chile se cerró en 1842, para abrirse de nuevo, al año siguiente, reorganizada según el modelo francés, bajo la dirección de Andrés Bello, y publicar desde entonces sus eruditos *Anales*. Y la de Buenos Aires, que no había llegado a existir en los tiempos coloniales, se fundó en 1821. La de Montevideo es de 1833. Fundaciones nuevas fueron, también, las universidades de Medellín y del Cauca, en Colombia, y la de Costa Rica (1843). En ciudades diversas se fundaron escuelas de derecho y de medicina. México inauguró en 1831 su Museo Nacional de Arqueología, Historia y Etnología, que con el tiempo había de adquirir extraordinario desarrollo.

En el Brasil, después de las instituciones de enseñanza establecidas cuando los reyes de Portugal se trasladaron a la colonia, se fundaron, ya en la época imperial, las escuelas de Derecho de São Paulo (1827) y de Olinda (1827), la Escuela de Medicina de Río de Janeiro (1830), el Liceo de Artes y Oficios (1856), y muchos colegios provinciales desde 1836.

Toda esta necesidad de innovación culminó en dos grandes movimientos políticos: el de la Reforma en México y el de la Organización en la Argentina. En México la lucha de ideas —y de armas— entre conservadores y liberales dura desde 1833 hasta 1867. Los conservadores intentaban mantener cuanto fuese posible del sistema colonial; los liberales pedían la supresión de privilegios, la separación entre la Iglesia católica y el Estado, la libertad de cultos, la libertad de la palabra y de la imprenta, la desamortización de los bienes estancados (avanzada la lucha, el gobierno acabó por tomar posesión de todos los bienes eclesiásticos). Los liberales alcanzaron a redactar y votar la admirable Constitución de 1857; los conservadores, triunfantes en 1864 con ayuda de las tropas de Napoleón III, trajeron a Maximiliano de Habsburgo como emperador. La contienda terminó con la desaparición del imperio y el triunfo definitivo del partido liberal (1867). Los hombres de la Reforma fueron Gómez Farías, Juárez, el sacerdote José María Luis Mora (1794-1850), Ignacio Luis Vallarta (1830-1893), famoso por sus *votos* sobre cuestiones constitucionales, Melchor Ocampo (1813-1861), Miguel (1812-1861) y Sebastián (1827-1889) Lerdo de Tejada.

En la Argentina realiza el primer intento de organización moderna Bernardino Rivadavia, primero como Secretario del Triunvirato (septiembre de 1811 a octubre de 1812), luego como Ministro en la provincia de Buenos Aires (1821 a 1824), y por fin como Presidente de la República (febrero de 1826 a julio de 1827): fundó la Universidad de Buenos Aires, la Academia de Medicina, la Escuela de Agricultura, la Sociedad de Beneficencia (en 1822; todavía existe y florece), bajo la dirección virtual de una mujer de singular energía e inteligencia, María Sánchez de Mendeville (1786-1868), el Museo de Historia Natural (1823), gran número de escuelas, para niños y para niñas, el banco de descuentos y el banco emisor, la bolsa mercantil, y hasta cuatro ciudades; reglamentó el ejercicio de la medicina (1822) y el funcionamiento de los hospitales (1822); modificó la situación de la Iglesia, aboliendo el fuero eclesiástico y los diezmos, e imponiendo condiciones de número y edad para los religiosos reunidos en convento; creó (1821) el primer cementerio, el de la Recoleta (antes se enterraba en los patios, en los atrios o en los interiores de iglesias o de conventos); procuró atraer inmigración de agricultores y artesanos; mejoró la cría de ovejas con importación de merinos; fijó garantías para los contratos de trabajo y de aprendizaje; estableció la enfiteusis, contrato mediante el cual se concedían tierras en usufructo al que las trabajase, mientras estaba en condiciones de pagarlas. Hasta proyectó ayudar a los liberales de España en 1823, contra las imposiciones absolutistas de Fernando VII, apoyado por las tropas extranjeras de la "Santa Alianza". En 1827, al deshacerse la unidad política del país, la obra de Rivadavia fue atacada y en parte destruida; la enfiteusis desapareció, y las tierras se repartieron arbitrariamente, creándose inmensos latifundios en beneficio de pocos; la Universidad y la biblioteca Pública quedaron prácticamente anuladas bajo Rosas. Las provincias padecieron años de caudillaje, y desde 1838 los hombres de pensamiento, sobre todo los jóvenes, tomaron el camino del destierro. Vencido el más poderoso de los caudillos, Rosas, gobernador de la provincia de Buenos Aires, en 1852, aquellos hombres regresaron y organizaron al fin la República Argentina con la Constitución de 1853, que rige todavía. Tres de ellos tuvieron función eminente en esta empresa, que dio al país larga paz y amplia prosperidad: Juan Bautista Alberdi (1810-1884), autor de las *Bases* (1852) en que sustancialmente se inspiró la Constitución; Bartolomé Mitre (1821-1906), presidente de 1862 a 1868; Domingo Faustino Sarmiento (1811-1888), presidente de 1868 a 1874.

Desempeñaron papel importante en el movimiento cultural las revistas, dedicadas principalmente a la literatura, y las "sociedades literarias", cuya actividad se extendía, fuera de las bellas letras, hasta la filosofía y a veces aun a las ciencias: así, la Academia de San Juan de Letrán, en México, de 1836 a 1856, y el Salón Literario que inauguró el librero y pedagogo uruguayo Marcos Sastre (1809-1887) en Buenos Aires, en 1837, y que hubo de cerrarse a poco, cuando Rosas persiguió a sus miembros. Igualmente las sociedades de "amigos del país": habían comenzado desde el siglo XVIII; eran producto típico de la Ilustración, y se interesaban en el progreso económico. Había también asociaciones cuyos intereses eran puramente científicos, como la Sociedad de Geografía y Estadística, en México, fundada en 1833, y que aún subsiste.

Existieron buenas revistas, sobre todo en Chile: el *Semanario de Santiago* (1842-1843), la *Revista de Valparaíso* (1842), el *Museo de Ambas Américas*, del colombiano Juan García del Río, en Valparaíso (1842), *El Crepúsculo*, del pensador político José Victoriano Lastarria (1817-1888), en Santiago (1843-1844), la *Revista de Santiago* (1848-1851 y 1855), la *Revista de Ciencias y Letras*, en Santiago (1857-1858), la *Revista del Pacífico*, en Valparaíso (1858-1861), y *La Semana*, en Santiago (1859-1860). Muchas otras hubo, en diversos países, como *La Moda*, en Buenos Aires (1837-1838), escrita por los miembros del Salón Literario, *El Iniciador*, en Montevideo (1838-1839), redactada por uruguayos y por argentinos proscritos que combatían a Rosas, *El Plata Científico y Literario*, en Buenos Aires (1854-1855), *El Mosaico*, en Caracas (1854-1857), la *Revista de La Habana* (1853-1857), y las que publicaban los grandes impresores de México, Cumplido (*Revista Mexicana*, 1835; *El Mosaico Mexicano*, 1836-1842; *El Museo Mexicano*, 1843-1846; *El Álbum Mexicano*, 1849; *La Ilustración Mexicana*, 1851-

1852, además de su famoso diario liberal *El Siglo XIX)*, Galván *(El Año Nuevo*, 1837-1840; *El Recreo de las Familias*, 1838), García Torres *(El Ateneo Mexicano*, órgano de la sociedad de este nombre, 1844; la *Biblioteca Mexicana Popular y Económica*, 1851-1852, además de su diario liberal *El Monitor)*.

La mejor de todas fue la *Revista Bimestre Cubana* (1831-1834), órgano de la Sociedad Económica de Amigos del País, en La Habana, donde escribían hombres de espíritu libre, sospechosos para la autoridad española, como Domingo del Monte, Saco, Luz y Caballero. Comenzaron a publicarse revistas dedicadas a ciencias especiales, como el *Memorial de Ciencias Naturales*, de Piérola y Rivero, en Lima, y el *Repertorio Médico Habanero* (1840-1843), fundado por Nicolás José Gutiérrez (1800-1890). En México hubo —caso curioso— periódicos dedicados a comentar el movimiento del teatro. Y en países extranjeros aparecían publicaciones dirigidas por hombres de "nuestra América", como *El Habanero* (1824-1826), del P. Félix Varela, en Filadelfia y luego en Nueva York, *El Mensajero Semanal* (1828-1830), de Saco y Varela, en Nueva York, y la *Revista Española de Ambos Mundos* (1853-1855), del novelista y poeta uruguayo Alejandro Magariños Cervantes (1825-1893), en Madrid.

El Brasil contó entre sus asociaciones de cultura el célebre Instituto Histórico y Geográfico, organizado en 1838 y protegido por Pedro II, que tomaba parte en sus trabajos, y la Sociedad Velosiana, establecida en 1850 y dedicada a investigaciones de ciencias naturales. El Instituto comenzó a publicar su revista en 1839 y sus memorias en 1845. De las revistas literarias se recuerdan particularmente *La Marmota*, de Río de Janeiro, y *Niteroi*, publicada en París (1836) y ligada a los comienzos del romanticismo brasileño.

La manifestación superior de cultura, durante este

período, es la obra de construcción política y de renovación social de los legisladores, estadistas y juristas. Para las ciencias, la filosofía y los estudios del lenguaje eran menos propicios los tiempos; sin embargo, tuvieron cultivadores muy distinguidos además de Andrés Bello (cuyos tratados se mencionaron antes): el astrónomo e ingeniero mexicano Joaquín Velázquez de León (1803-1882); el matemático peruano Miguel Garaicoechea (1816-1861), autor del libro sobre *Cálculo binomial;* el botánico dominicano Manuel de Monteverde (1793-1871); el naturalista uruguayo Dámaso Larrañaga (1771-1846), que describió gran parte de la flora existente en la región del Río de la Plata y en las costas meridionales del Brasil; el naturalista argentino Francisco Javier Muñiz (1795-1871), que exhumó y estudió restos fósiles de especies sudamericanas de tigre, de caballo y de otros animales, escribió el valioso libro sobre *El ñandú o avestruz americano* (1848) y prestó frecuentes auxilios a Darwin como corresponsal; los gramáticos José Gómez de la Cortina (1799-1860), mexicano, y Antonio José de Irisarri (1786-1868), guatemalteco, que fue además político y periodista; el geógrafo y lexicógrafo dominicano Esteban Pichardo (1799-c. 1880), autor del primer diccionario americano de regionalismos (1836); los mineralogistas peruanos Nicolás de Piérola († 1857) y Mariano Eduardo Rivero († 1851), que descubrió minerales como la magnesia silicatada y la humboldtina u oxalita, dio a conocer en Europa el nitrato de sodio, y en arqueología tuvo papel de iniciador con sus *Antigüedades peruanas* (1851); el químico y médico mexicano Leopoldo Río de la Loza (1807-1873), que sistematizó la farmacopea del país y publicó estudios sobre aguas potables y aguas minerales; el eminente filólogo, etnógrafo e historiador mexicano Manuel Orozco y Berra (1816-1881), que hizo la primera e importante clasificación de las lenguas indígenas de México, apenas cuarenta años después de haber clasificado Bopp las lenguas indo-europeas: este trabajo, esbozado en 1853 (datos publicados en el *Diccionario universal de historia y geografía*), definido en forma breve en 1857, alcanza su estructura definitiva en 1864 (*Geografía de las lenguas y carta etnográfica de México*); el avance de la lingüística lo ha rectificado, con la riqueza de materiales de que ahora se dispone, pero en su tiempo fue audaz proeza científica.

En Cuba, todavía sujeta a España, se distinguieron como filósofos Félix Varela (1788-1853) y José de la Luz y Caballero (1800-1862), maestro incomparable; como zoólogo, Felipe Poey (1799-1871), que clasificó gran número de especies de las Antillas, escribió las *Memorias sobre la historia natural de Cuba* (1856-1858) y la *Ictiología cubana* (los peces fueron su tema especial).

Tampoco eran muy propicios los tiempos para las artes. Desde luego los trastornos políticos y económicos impedían el desarrollo de la arquitectura: casas, se construían pocas; edificios públicos e iglesias, ningunos, o punto menos. La única excepción es el Brasil: el reinado de Pedro II sí fue de grandes construcciones, como la Iglesia de la Gloria, el Teatro de San Pedro, el Palacio de Boa Vista y la Academia de Bellas Artes, obra de Grandjean de Montigny (1776-1850), arquitecto francés que ejerció allí grande influencia. Otro arquitecto francés, Louis Léger Vauthier (n. 1815) construyó el hermoso teatro de Santa Isabel, en Recife de Pernambuco, el teatro de Belem del Pará y el de San Luis de Maranhão.

La escultura y la pintura, desaparecida o muy limitada la demanda de las iglesias, disminuyeron en importancia. Los pintores, por lo menos, cambian de asuntos: además de retratos, que ya abundaban en la época colonial, pintan paisajes, escenas de costumbres y composiciones históricas; así, por ejemplo, Juan Cordero (1824-1884) en México y Prilidiano Pueyrredón (1823-1870) en la Argentina. La vida popular de Lima aparece en las acuarelas y caricaturas de Pancho Fierro (1803-1879).

La literatura, en cambio, alcanzó amplio desarrollo, y hasta prosperaron las casas editoriales, sobre todo en México: allí aparecían, junto a las obras escritas en el país, reimpresiones de muchas europeas; se llegó a publicar una gran Biblia ilustrada, en varios volúmenes, y un magnífico *Diccionario de historia y geografía* (1853-1856), en que colaboraron muchos hombres doctos con artículos que todavía se consultan (entre los colaboradores se contaban Orozco y Berra, Gómez de la Cortina, Lucas Alamán, Miguel Lerdo de Tejada, Guillermo Prieto, José Fernando Ramírez, Joaquín García Icazbalceta, José Bernardo Couto). En Santiago de Chile publica el erudito investigador y crítico argentino Juan María Gutiérrez (1809-1878) la *América poética* (1846), primera gran antología de versos castellanos escritos en el Nuevo Mundo durante el siglo XIX. En este período, como en el de las campañas de independencia, la literatura estuvo íntimamente ligada a la transformación política y social. Apenas es necesario recordar la prensa, ahora muy numerosa, y la oratoria, abundantísima; la mayoría de los hombres públicos fueron, por lo menos en ocasiones, oradores y periodistas. Parte de esta literatura es literatura de combate, hasta en poesía; así, los resonantes versos de José Mármol (1818-1871) y los ingeniosos de Hilario Ascasubi (1807-1875) contra Rosas, los de José Eusebio Caro (1817-1853) y Julio Arboleda (1817-1861) en Colombia, los de conservadores y liberales en México, entre quienes sobresalen los "hombres de la Reforma", Ignacio Ramírez (1818-1879), Guillermo Prieto (1818-1897), Ignacio Manuel Altamirano (1834-1893), Vicente Riva Palacio (1832-1896). Ramírez y Altamirano fueron también grandes escritores en prosa. Las urgencias del combate penetran igualmente en el teatro, en cuentos y novelas, como *El matadero*, del argentino Esteban Echeverría (1805-1851), y la *Amalia*, de Mármol, en ensayos como el ruidoso de Francisco Bilbao (1823-1865) sobre *Sociabilidad chilena* (1844), y en obras históricas, como las de Lucas Alamán (1792-1853), Lorenzo de Zavala (1788-1836) y José María Luis Mora en México. El *Facundo* (1845) de Sarmiento es a la vez polémico y constructivo, con programa y profecía.

La orientación literaria de la época es la romántica. El romanticismo llegó a América (1832), directamente desde Francia, poco antes que a España, en la obra de Esteban Echeverría: después del poema *La cautiva* (1837), llevó tras sí a toda la juventud de la zona del Río de la Plata. Bello había proclamado la independencia intelectual de América en 1823; los jóvenes, ahora, estimaban que el intento no se había cumplido sino en parte: los asuntos, en las obras de Bello, Olmedo, Heredia, eran de América, pero el estilo procedía del clasicismo académico de Europa. Ahora el romanticismo proponía a cada pueblo la creación de su propio estilo, con apoyo en sus tradiciones propias. A eso tendieron los escritores jóvenes, en el Río de la Plata y en los demás países de la América española: si no salieron con su empeño, fue porque los estilos no se crean fácilmente a voluntad; abandonaron las normas y los modelos clasicistas, pero en las formas que trataron de inventar se discernían influencias de los románticos europeos. A veces, el sabor criollo, de América, brotaba de su pluma cuando menos lo notaban. Por lo que respecta a los temas sí puede decirse que emprendieron una exploración metódica de sus propias tierras: el paisaje, desde las cordilleras inaccesibles hasta las llanuras interminables; la tradición indígena, la tradición colonial, y entre ambas el choque de la conquista; las hazañas de la Guerra de independencia y sus ideales de libertad y de progreso; las costumbres del campo y de la ciudad.

Echeverría, el iniciador del romanticismo, no es su mejor poeta. Son superiores los colombianos José Eusebio Caro, alma de puritano generoso, Julio Arboleda, autor del brioso poema narrativo (inconcluso) *Gonzalo de Oyón*, sobre la conquista, y Gregorio Gutiérrez González (1826-1872), autor de la deliciosa *Memoria sobre el cultivo del maíz en Antioquia*, en que describe con sencillez y con vivacidad muy criolla el trabajo campesino; el venezolano José Antonio Maitín (1804-1874), autor del emocionado *Canto fúnebre* en la muerte de su esposa; la cubana Gertrudis Gómez de Avellaneda (1814-1873), que tuvo fama inmensa y además de sus espléndidos versos líricos escribió en España dramas poderosos como *Munio Alfonso* (1844), *Saúl* (1849) y *Baltasar* (1858).

El teatro, floreciente desde la época colonial, se mantuvo en este período con el mexicano Manuel Eduardo de Gorostiza (1789-1851), que había escrito en España (1818-1833) comedias de corte clasicista, dentro de la tradición de Molière, y, de regreso a su patria, hizo arreglos de obras europeas; con los peruanos Felipe Pardo (1806-1868) y Manuel Ascensio Segura (1805-1871), que transcribieron con gracia muy limeña la vida criolla; con los románticos Fernando Calderón (1809-1845), de México, mejor en la comedia que en el drama, y José Jacinto Milanés (1814-1863), de Cuba. Hubo muy buenos actores, como la argentina Trinidad Guevara (en realidad dejó el teatro en 1826) y su discípulo Juan Aurelio Casacuberta (1799-1849), maestro a su vez de la célebre actriz trágica española Matilde Díez. La novela, que había comenzado con Fernández de Lizardi durante la Guerra de independencia, se multiplica ahora, a partir de 1845. Abunda el *cuadro de costumbres*, en forma de artículos o ensayos breves, especialmente en Colombia, Venezuela, Perú y Chile.

Historiadores de amplia visión filosófica tuvo este período, empeñados en buscar las razones de los complicados acontecimientos que presenciaban y en que ellos mismos tomaban parte; en México, los ya mencionados Lucas Alamán (*Disertaciones sobre la historia de México*, 1844-1852; *Historia de México*, 1849-1852), Lorenzo Zavala (*Ensayo histórico de las revoluciones de México*, 1831), José María Luis Mora (*México y sus revoluciones*, 1836), Manuel Orozco y Berra (*Historia de la dominación española en México;* después escribió la *Historia antigua y de la conquista de México*); en Venezuela, Rafael María Baralt (1810-1860), que fue además filósofo y gramático (*Historia de Venezuela*, en colaboración con Ramón Díaz, 1841-1843), Juan Vicente González (1811-1866: *Biografía de José Félix Ribas*) y Felipe Larrazábal (1817-1873: *Vida del Libertador Simón Bolívar*); en la Argentina, Bartolomé Mitre (*Historia de Belgrano y de la independencia argentina*, 1857, completada y corregida en 1876-1877; es posterior su *Historia de San Martín y de la emancipación sudamericana*, 1887); en Chile, Diego Barros Arana (1830-1907: *Un decenio de historia de Chile;* es posterior su gigantesca *Historia general de Chile*, 1884-1902) y Benjamín Vicuña Mackenna (1831-1886: *El ostracismo de los Carreras*, 1857; son posteriores su *Historia de Santiago*, 1869, y su *Historia de Valparaíso*). Aunque comenzaron a producir en este período, compusieron en el siguiente sus obras máximas el argentino Vicente Fidel López (1815-1903: *Historia de la República Argentina*, 1883-1893) y el cubano José Antonio Saco (1797-1879: *Historia de la esclavitud*, 1875-1892). Esta magna labor se distingue por su altura de pensamiento y su patriotismo decoroso, cualquiera que haya sido la orientación política de los autores: conservadora como en Alamán o liberal como en López. En las generaciones posteriores, muy pocas veces se ha llegado a producir cosa comparable: la mayor parte del esfuerzo se ha concentrado en la investigación de los datos y análisis de los documentos; sólo uno que otro historiador, como Justo Sierra, se ha levantado a la altura filosófica de aquellos maestros.

El argentino Domingo Faustino Sarmiento sobresale entre todos sus contemporáneos de la América española como escritor de genio, por su fertilidad de ideas, su vivacidad de imaginación y su riqueza expresiva. Tres son sus libros fundamentales: *Facundo* (1845), *Recuerdos de provincia* (1850) y *Viajes* (1849); el primero, soberbia descripción de la vida social y política de la Argentina, con penetrante inquisición sobre sus causas y atrevida predicción sobre su porvenir inmediato; el segundo, memorias de niñez y mocedad del autor, con pintura de los personajes que tuvo a su alrededor y del medio en que se desenvolvían; el tercero, agudas y siempre variadas observaciones sobre Europa y América: la porción más larga está dedicada a los Estados Unidos, cuya libertad y cuyo progreso le parecían ejem-

87

plos magníficos para la América española. Sarmiento fue, además, incansable propulsor de la escritura, fundador de innumerables escuelas y bibliotecas, de jardines zoológicos, de observatorios astronómicos, y hasta de ciudades. Nadie en América ha hecho tanta obra efectiva y eficaz desde el gobierno: la fortuna colaboró con él como no había colaborado con Rivadavia, que se vio forzado a dejar recién nacidas la mayor parte de sus empresas.

En el Brasil la literatura participó, como en la América española, en la discusión de los problemas sociales. Profetas de la abolición de la esclavitud fueron poetas como Antonio Gonçalves Dias (1823-1864), Tobias Barreto (1839-1899), Luis Nicolas Fagundes Varella (1841-1875) y Antonio Castro Alves (1847-1871). El tema del indio despertó gran interés, tanto humanitario como científico. Este interés se refleja en la literatura, señaladamente en los poemas de Gonçalves Dias (*Y-Juca-Pyrama, Canción del Tamoyo, Los Tymbiras*) y en las novelas de José de Alencar (1829-1877: *El guaraní*, 1856; *Iracema*, 1865). Gonçalves Dias y Alencar son las dos figuras mayores del romanticismo brasileño, que, anunciado en los *Suspiros poéticos* (1836) de Gonçalves de Magalhães (1811-1882), alcanza en ellos plenitud magnífica. En el teatro gozaron de popularidad las amenas comedias de costumbres de Luis Carlos Martins Penna (1815-1848) y se representaron, con éxito variable, dramas de Alencar y de Gonçalves Dias. Como actor tuvo mucha fama João Caetano.

# VI. ORGANIZACIÓN Y ESTABILIDAD, 1860-1890

ENTRE 1850 y 1870, las naciones de la América española acaban de definir su forma de organización: así, en la Argentina, el proceso que se inicia con la Constitución de 1853 se cierra en 1862 cuando cesa la disensión entre Buenos Aires y las demás provincias; en México, el proceso de la Reforma termina, con la extinción del Imperio, en 1867. Las instituciones son estables desde entonces, con poca variación. Las discordias civiles, si no desaparecen, disminuyen; hay todavía gobiernos demasiado autoritarios, pero hay respeto para las formas legales, y donde no lo hay se finge. El trabajo legislativo se mantiene: aparte de las reformas y enmiendas, no siempre necesarias, a las constituciones, se redactan códigos.

Aparecen (después de los mencionados en el capítulo anterior) los códigos civiles de Venezuela (1862), del Uruguay (1868), de la Argentina (1869), del Paraguay (1869), de México (1870; es el del Distrito Federal; lo copian la mayoría de los Estados, salvo excepciones como Veracruz), de Colombia (1875), de Guatemala (1877), de El Salvador (1880), de Costa Rica (1886), de Ecuador (1887); los códigos comerciales de Venezuela (1862), de Chile (1865), del Uruguay (1866), de Nicaragua (1869), de Colombia (comercio terrestre, 1869; comercio marítimo, 1873), de Guatemala (1877), de El Salvador (1882), de Ecuador (1882), de México (1889); los códigos penales del Perú (1862), de Venezuela (1863), de México (1871: del Distrito Federal), de Chile (1874), de Costa Rica (1880), de El Salvador (1881), de Santo Domingo (1884), de la Argentina (1886), del Uruguay (1889), de Guatemala (1889), de Colombia (1890), del Paraguay

89

(1890). Los más importantes son el civil argentino, obra de Dalmacio Vélez Sarsfield (1801-1875), el uruguayo, obra de Tristán Narvaja († 1877), y el penal mexicano, obra de Antonio Martínez de Castro († 1879).

En derecho internacional, la América hispánica empieza a destacarse con las doctrinas del jurista argentino Carlos Calvo (1824-1906), autor del tratado, universalmente conocido, de *Derecho internacional teórico y práctico* (1868) y del *Diccionario de derecho internacional público y privado* (1885). Calvo expuso el principio de que ningún gobierno debe apoyar con las armas reclamaciones pecuniarias contra otro país. Este principio, aceptado ahora en todas partes, adquirió resonancia en 1902 cuando lo invocó el jurista Luis María Drago (1859-1921), ministro de Relaciones Exteriores de la Argentina, a propósito del conflicto entre Venezuela e Inglaterra. La Argentina, además, había presentado el principio del arbitraje compulsivo en la Conferencia Panamericana de 1889; la idea tuvo después el apoyo del Brasil, y finalmente, si bien no se ha convertido en precepto obligatorio, ha hecho mucho camino en la opinión internacional.

Con la estabilidad comenzó el restablecimiento económico: dos señales fueron la multiplicación de los bancos y la de los ferrocarriles. A la Argentina y al Uruguay, que eran en 1860 los países de menos población en América (en la Argentina no se llegaba siquiera a un habitante por kilómetro cuadrado), acudió la inmigración europea en grandes masas; se desarrollaron la agricultura y la ganadería: las primeras exportaciones de cereales y de carne ocurren, en la Argentina, bajo el gobierno (1874-1880) del escritor y jurista Nicolás Avellaneda (1837-1885). No hubo inmigración, en cifras atendibles, en los demás países de la América española, porque no podía competir con el trabajador indígena, que como consecuencia de siglos de explotación había reducido al mínimo su nivel de vida. En todas partes, sin embargo, influyó el poderoso desenvolvimiento económico del mundo moderno y hacia 1880 se vio nacer o renacer, en mayor o menor grado, la prosperidad.

El Brasil, que había entrado en la vida independiente en mucho mejor situación que sus vecinos, mantuvo su desarrollo próspero hasta la terminación de la época imperial. Ni siquiera se produjeron alteraciones graves en la economía nacional al desaparecer la esclavitud (1888); leyes y hechos sucesivos la habían ido reduciendo a bien poca cosa: supresión del tráfico negrero, que obligó a muchos capitales a buscar mejores inversiones (1850); "libertad de vientres", según la cual nacían libres los hijos de esclavos (1871); emancipación de siervos mayores de sesenta años (1885); abolición local en Ceará (1883); "ferrocarril subterráneo", como antes en los Estados Unidos; manumisión espontánea, declarada por amos generosos (entre 1872 y 1876 hubo treinta mil casos). Pedro II personalmente pedía la abolición desde 1867, y al fin se votó en medio de fervoroso entusiasmo popular; durante años la habían preparado poetas, oradores, periodistas, estadistas probados o en cierne como el Vizconde de Río Branco (1845-1912), José do Patrocinio (1854-1905), Ruy Barbosa (1849-1923), Joaquim Nabuco (1849-1910). Las regiones del sur se beneficiaron con la inmigración europea. "En 1822 —dice Pedro Calmon— las mayores fortunas brasileñas estaban en Bahía y Pernambuco. Entre 1850 y 1870, el norte y el sur se equiparan. Después del 70, la hegemonía económica del sur fue indisputable; tuvo como consecuencia el predominio político." En 1889 se establece pacíficamente la república, que vota su constitución democrática en 1891.

Era necesidad fundamental de la cultura difundir la enseñanza, multiplicando las escuelas. Los países donde primero hubo aumento digno de atención fueron Colombia y Chile; después la Argentina se les adelantó, durante la administración (1868-1874) de Sarmiento, y ha mantenido desde entonces lugar delantero, a lo menos en la instrucción primaria, entre todos los países del mundo (en 1942 tenía el número máximo de maestros de escuela elemental en proporción a los habitantes: 49.8 maestros en ejercicio para cada 10 000 habitantes; le seguían Suecia con 48.9 y los Estados Unidos con 46.7).

La enseñanza se había libertado poco a poco de las tradiciones coloniales. Ahora se orientó decididamente hacia las ciencias, descuidando las humanidades. Al predominio de las ciencias se sumó el influjo de la filosofía positivista, de Comte primero, de John Stuart Mill y Herbert Spencer después.

Así en Chile; en la Argentina, con el filósofo francés Amédée Jacques (1813-1865), a quien el presidente Mitre nombró director del primer Colegio Nacional en Buenos Aires (1863); en México, con el médico y filósofo Gabino Barreda (1818-1881), director fundador de la Escuela Nacional Preparatoria por designación de Juárez (1867); en el Brasil, con Tobias Barreto, el poeta y pensador, Luis Pereira Barreto (1840-1923), autor de voluminosa obra sobre las etapas del pensamiento humano, y Benjamin Constant Botelho de Magalhães (1838-1891), uno de los fundadores de la República; en Venezuela, con el médico Rafael Villavicencio y el naturalista y etnólogo alemán Adolf Ernst, que funda el Museo de Ciencias Naturales en Caracas; en el Uruguay, irradiando desde las discusiones del Ateneo, hacia 1880; en Santo Domingo, con el pensador puertorriqueño Eugenio María Hostos (1839-1903), director fundador de la Escuela Normal (1880-1888), y hasta en Cuba, fuera de la enseñanza oficial que España imponía, con las conferencias de Enrique José Varona (1849-1933) sobre lógica, psicología y ética (1880-1882). En México el positivismo se convirtió en una especie de filosofía oficial poco antes de 1890 y así duró hasta 1910; en el Brasil ocurrió otro tanto, y hasta se tomó de Comte el lema de la bandera republicana: Orden y Progreso. Revistas especiales se dedicaron a la difusión de las doctrinas de Comte en el Brasil, donde existen todavía (desde 1881) capillas consagradas a la "religión de la humanidad" que él inventó; en Chile, bajo la dirección de Juan Enrique Lagarrigue, y en México (Agustín Aragón). Hostos y Varona, entre tanto, se alejaron del positivismo paso a paso: Hostos, hacia su peculiar racionalismo ético; Varona, hacia su escepticismo teórico, nunca reñido con la acción humana útil.

Las asociaciones de cultura mantienen su actividad y su influencia: ejemplos, el Liceo Mexicano, bajo la dirección del maestro de la juventud, Ignacio Manuel Altamirano; la Academia de Ciencias Sociales y Bellas Letras (1869), la Academia Venezolana de Literatura (1872) y la Sociedad Amigos del Saber (1882), en Caracas; el Círculo (1859-1864 y 1869-1870) y la Academia de Bellas Letras (1873-1880), en Santiago de Chile; la Sociedad de Amigos del País (1871-1903), en Santo Domingo; el Ateneo del Uruguay, que publica sus *Anales* de 1881 a 1886; el Club Literario de Lima, con *Anales* (1873-1876), el Ateneo de Lima, cuyo órgano aparece de 1886 a 1890, y el Círculo Literario, floreciente en esos mismos años, con su órgano la *Revista Social*. Se organizaron asociaciones de estudios científicos, como la Sociedad

Geográfica de Lima (1887), las sociedades "Antonio Alzate" (1884), "Andrés del Río", "Leopoldo Río de la Loza" y "Pedro Escobedo" (1872), en México, la Sociedad de Naturalistas Neogranadinos, en Bogotá, y la Sociedad de Geografía (1885), en Río de Janeiro.

La Academia Española de Madrid estimula la creación de entidades similares en América, que llama "correspondientes": así se organizaron la Academia Colombiana (1871), la Mexicana (1875), la Ecuatoriana (1875), la Venezolana (1883), la Peruana, la Chilena, la Argentina, y luego otras. En los primeros tiempos fueron activas y dieron a luz revistas o anales con trabajos valiosos, especialmente la de Colombia y la de México; colaboraron en el Diccionario de la lengua castellana; después languidecieron, y ahora subsisten con vida letárgica, o, como en el caso de la argentina, se han extinguido.

Los periódicos, desde luego, se multiplicaron. Los diarios, que hasta 1860 habían sido excepciones, comenzaron a hacerse normales y estables. A este período corresponde la fundación de los dos grandes diarios de Buenos Aires, prodigiosos después en su desarrollo y útiles siempre por la atención que dedican a las manifestaciones de cultura, *La Prensa* (octubre de 1869) y *La Nación* (enero de 1870), dirigido por Bartolomé Mitre; corresponde también el crecimiento de *El Comercio*, de Lima, fundado por Manuel Ascensio Segura en 1839, y de *El Mercurio*, nacido en Valparaíso (1827) y trasladado luego a Santiago, con ediciones en ambas ciudades. En el Brasil, el *Diário de Pernambuco* es el más antiguo; le sigue el *Jornal do Commercio*, de Río de Janeiro, fundado en 1827. Las revistas, literarias en su mayor parte, crecen igualmente en volumen y en importancia.

De ellas se destacan, por su calidad, en México, *El Renacimiento* (1869), de Altamirano; en Venezuela, la *Revista Literaria* (1864-1866), de Juan Vicente González; en Colombia, *El Mosaico* (1850-1860; 1864-1865; 1871-1872), la *Revista de Bogotá* (1871-1872), *La Patria* (1877-1882), de Adriano Páez (1844-1890), el muy notable *Repertorio Colombiano* (1878-1884; 18??-1899), del historiador Carlos Martínez Silva (1847-1903), el *Papel Periódico Ilustrado* (1881-1887) y la *Revista Literaria* (1890-1894), del crítico y bibliógrafo Isidoro Laverde Amaya; en Ecuador, *El Cosmopolita* (1866-1869) y *El Regenerador* (1876-1878), ambas de Juan Montalvo (1832-1889); en el Perú, la *Revista de Lima* (1860-1868; 1873-18??), *El Correo del Perú* (1871-1875), y la *Revista Peruana* (1879-1880); en Chile, la *Revista de Sud América*, en Valparaíso (1861-1863), la nueva *Revista de Santiago* (1872-1873), la nueva *Revista de Valparaíso* (1873-1874), la *Revista Chilena* (1875-1880), de los historiadores Miguel Luis Amunátegui (1828-1888) y Diego Barros Arana, y la *Revista de Artes y Letras*, en Santiago (1884-1890); en la Argentina, la *Revista de Buenos Aires* (1863-1871), del historiador Vicente Gregorio Quesada (1830-1913) y el jurista Miguel Navarro Viola, la *Revista del Río de la Plata* (1871-1878), de Juan María Gutiérrez, Vicente Fidel López y el historiador uruguayo Andrés Lamas (1820-1891), y la nueva *Revista de Buenos Aires* (1881-1885), de Vicente Quesada y su hijo Ernesto, historiador y sociólogo (1858-1934); en Santo Domingo, la *Revista Científica, Literaria y de Conocimientos Útiles* (1883-1884); en Cuba, la *Revista Habanera* (1861-1862), del poeta Juan Clemente Zenea (1832-1871), la *Revista Crítica de Ciencias, Literatura y Artes* (1868), del filólogo Néstor Ponce de León (1837-1899), la *Revista de Cuba* (1877-1884), de José Antonio Cortina (1852-1884), la *Revista Cubana* (1885-1895), de Enrique José Varona, *La Habana Elegante* (1883-1896), y las *Hojas Literarias* (1893-1894), órgano personalísimo de Manuel Sanguily (1848-1925). Merecen recordarse los periódicos que nativos de la América española se publicaron en países extranjeros: así, la *Revista*

*Latinoamericana*, de Adriano Páez, en París (1874-1875), *El Mundo Nuevo*, del historiador y crítico cubano Enrique Piñeyro (1839-1911), en Nueva York (1871), la *Revista Ilustrada de Nueva York* (*c.* 1889-*c.*1892), del costumbrista venezolano Nicanor Bolet Peraza (1838-1906), *El Espectador*, vocero unipersonal de Juan Montalvo, en París (1886-1888), *La Edad de Oro*, incomparable álbum de cuentos, artículos instructivos y versos para niños, escrito íntegramente por el cubano José Martí (1853-1895), en Nueva York (1889).

Como primer esfuerzo en su especie se señala el *Anuario bibliográfico de la República Argentina* (1880-1888), fundado por el poeta Alberto Navarro Viola (1858-1885).

Entre las revistas puramente científicas sobresale el *Repertorio Físico-natural de la Isla de Cuba* (1865-1868), de Felipe Poey.

Las universidades publican revistas, anales o memorias: a la de Chile, que comenzó en 1843, se suman las de Lima (1862), Bogotá (1868), Quito (1883), Buenos Aires (1888) y Montevideo (1891). El Museo Nacional de Arqueología, Historia y Etnología, de México, inicia sus *Anales* en 1877.

Junto a los filósofos, como Varona y Hostos, están los hombres de ciencia. El más eminente, el paleontólogo Florentino Ameghino (1854-1911), de la Argentina, trabajador de esfuerzo formidable y heroico. Adquirió fama popular gracias al más débil de sus libros, *La antigüedad del hombre en el Plata* (1880), donde sostuvo —con fundamento suficiente— que la especie humana era autóctona en el Nuevo Mundo. En su obra de solidez indiscutible, el estudio de los mamíferos fósiles de la zona platense, se manifiesta como revelador: con pocas excepciones, los animales que describió era descubrimientos suyos. Y no fue meramente naturalista descriptivo, sino además teorizante: con libros como su *Filogenia*

(1884) colaboró en la discusión y la construcción de doctrinas biológicas.

Otro naturalista argentino, William Henry Hudson (1841-1922), tiene reputación universal. La debe, sobre todo, a sus dotes de escritor. Escribió siempre en inglés, y es claro y encantador su estilo. Nació a unos treinta kilómetros de Buenos Aires, pero habló inglés desde niño, porque sus padres procedían de los Estados Unidos, y a los treinta y tres años de edad se trasladó a Inglaterra, de donde nunca regresó. No usa como lengua literaria la de su tierra natal, pero gusta de elegir para sus libros temas sudamericanos: en novelas como *La tierra purpúrea* (1885) y *Mansiones verdes* (1904), en cuentos como los de *El ombú* (1902), en narraciones autobiográficas como *Días ociosos en la Patagonia* (1893) y *Allá lejos, hace tiempo* (1918), en sus tratados y relatos de zoólogo, *Ornitología argentina* (en colaboración con Sclater, 1888-1889), *El naturalista en el Plata* (1892), *Aventuras entre pájaros* (1913), *Pájaros del Plata* (1920). Es, como Buffon, uno de los naturalistas a quienes se leerá siempre, porque leyéndole se descubren formas y aspectos inesperados de la vida sobre la Tierra.

Hombres de ciencia fueron, además, en la Argentina, el geógrafo Francisco de Paula Moreno (1852-1919), fundador del Museo de la Plata (1884), ahora conocido en todo el mundo culto por sus soberbias colecciones de historia natural, etnología y arqueología; el naturalista Eduardo Ladislao Holmberg (1852-1937), autor de *Flora y fauna de la República Argentina* y de sus estudios sobre peces, insectos y arácnidos, además de novelas de fantasía científica a la manera de Jules Verne y H. G. Wells; en México, el geógrafo Antonio García Cubas (1832-*c.*1911) y el astrónomo Francisco Díaz Covarrubias (1833-1889), que determinó la situación geográfica de la ciudad capital, dirigió la triangulación geodésica del valle de Anáhuac (ya la había emprendido, con recursos inferiores, en el siglo XVIII, Joaquín Velázquez de Cárdenas y León), hizo valiosas observaciones sobre eclipses y sobre pasos de planetas por el disco del Sol, fundó el Observatorio Astronómico, y publicó, entre otras obras, *Tablas geodésicas de la República Mexicana* y *Nuevos métodos astronómicos;* en Colombia, el naturalista Florentino Vega (1833-1890), autor de *Botánica indígena, La expedición botánica* (sobre la del siglo XVIII, que presidió José Celestino Mutis) y *La botánica en Nueva Granada;* en Puerto Rico, el botánico Agustín Stahl (1842-1917); en Cuba, el zoólogo Rafael Arango (1837-1893); en el Perú, el médico Daniel Carrión, que emprendió investigaciones sobre la enfermedad infecciosa llamada localmente *verruga* y murió durante el trabajo (1885); los etnólogos, filólogos y arqueólogos que estudiaron los pueblos indígenas, sus idiomas y sus culturas: así, en Colombia, Ezequiel Uricoechea (1834-1880) y Liborio Zerda; en el Perú, Pablo Patrón (1855-1910); en Venezuela, Gaspar Marcano, igualmente distinguido en sus investigaciones médicas sobre la sangre, y Arístides Rojas (1826-1894), que además fue historiador de mirada curiosa y escritor de ameno estilo; en México, junto a Manuel Orozco y Berra, José Fernando Ramírez (1804-1871), historiador e investigador de vastísima erudición, que "estableció los fundamentos para la interpretación jeroglífica de los códices aztecas", Alfredo Chavero (1841-1906), Francisco de Borja del Paso y Troncoso (1842-1916) y Nicolás León, que a sus estudios lingüísticos sumó extensos trabajos bibliográficos; en Puerto Rico, Cayetano Coll y Toste (1850-1930), que fue también historiador; en la Argentina, Samuel Lafone Quevedo (1835-1920), Adán Quiroga (1863-1904) y Juan Bautista Ambrosetti (1865-1917).[1]

[1] Esta reseña de la cultura científica es incompleta, porque se ha escrito poco sobre el cultivo de las ciencias en la América hispánica durante el siglo XIX.

La filología hispánica toca su cima, en el siglo XIX, con la obra del colombiano Rufino José Cuervo (1844-1911): nadie, ni siquiera Bello, había conocido como él, hasta entonces, en Europa ni en América, la historia de nuestro idioma, la historia de cada palabra y de cada giro. Comenzó como gramático, aficionado a corregir errores, en sus *Apuntaciones críticas sobre el lenguaje bogotano* (1867): en cinco ediciones posteriores, hasta la póstuma de 1914, el libro se convirtió progresivamente en obra maestra de filólogo. En el *Diccionario de construcción y régimen de la lengua castellana* formó el más vasto de los repertorios de sintaxis del idioma (sólo pudo publicar los tomos I y II, A-B-C-D; los demás permanecen inéditos); en estudios monográficos agotó cuestiones como la historia de los pronombres complementarios, esclareció problemas de la pronunciación y la escritura antes del siglo XVIII, indicó hechos significativos en la difusión del idioma en América: negó, por ejemplo, antes que nadie, el supuesto predominio de los andaluces en la conquista y la colonización.

Cultivaron la filología clásica humanistas distinguidos como el colombiano Miguel Antonio Caro (1843-1909), autor, en colaboración con Cuervo, de la mejor gramática latina que existe en español, y traductor magistral de la *Eneida* y de las *Geórgicas*. En la época colonial, todo hombre de letras, todo universitario, dominaba el latín, y no pocas veces lo escribía, en prosa o en verso. Después de la independencia, los estudios clásicos decaen, pero no faltan humanistas que hacen traducciones de autores antiguos: México produce el mayor número.

Entre los humanistas mexicanos debe recordarse a Alejandro Arango y Escandón (1821-1883), que junto con

99

los estudios griegos y latinos cultivó los de hebreo y escribió sobre asuntos bíblicos; a José Sebastián Segura (1822-1889); a José María Roa Bárcena (1827-1908); a José María Vigil (1829-1909), traductor de Marcial y de Persio; a Joaquín Arcadio Pagaza (1839-1918); a Ignacio Montes de Oca (1840-1921), autor de versiones completas de Píndaro, Teócrito, Bión, Mosco, Coluto de Licópolis y Apolonio de Rodas; a Francisco de Paula Guzmán (1844-1884); a Joaquín Diego Casasús (1858-1916), traductor de Catulo, Tíbulo, Propercio, Ligdamo y Sulpicia; a Ambrosio Ramírez (1859-1913); a Federico Escobedo. De muchos otros que cabría citar, nacidos en diversos países, bastará escoger al poeta argentino Carlos Guido Spano (1829-1918), adaptador de epigramas de la Antología griega. En general, pocos dejan de traducir a Horacio (Pagaza y Ramírez lo tradujeron abundantemente); muchos traducen a Virgilio.

En el Brasil se señalan Manoel Odorico Mendes (1799-1865), que puso en portugués la *Eneida*, la *Ilíada* y la *Odisea;* Juan Gualberto Ferreira dos Santos, Manoel Ignacio Suares Lisboa y Juan Nunes de Andrade.

Los grandes historiadores de este período son, en general, los que sobreviven del período anterior y se mantienen en actividad: Mitre, López, Saco, Orozco y Berra, Barros Arana, Vicuña Mackenna. Además de las obras de gran aliento que llevan ellos a cabo, se emprenden trabajos colectivos como la *Historia de Chile*, en cinco volúmenes (1866-1882), dirigida por Vicuña Mackenna, y *México a través de los siglos*, igualmente en cinco volúmenes (1883-1888), bajo la dirección de Vicente Riva Palacio, con la colaboración (entre otras) de Alfredo Chavero y José María Vigil. A este período pertenecen también los autores de otra gran obra colectiva: *México, su evolución social*, que fue publicada posteriormente (1900-1901); entre los colaboradores se destaca Justo Sierra (1848-1912), con su profundo y magistral estudio sobre *La evolución política del pueblo mexicano*, reproducido recientemente en volumen separado.

Lugar especial ocupa otro historiador mexicano, Joaquín García Icazbalceta (1825-1894), que se consagró al estudio de los comienzos de la cultura española en México, escribiendo biografías de misioneros, de maestros, de escritores, y monografías sobre la instrucción pública, el teatro, la agricultura, la ganadería, y muchas otras actividades. Sus dos trabajos de más aliento fueron la biografía del primer arzobispo de México, *Don Fray Juan de Zumárraga* (1881) y la *Bibliografía mexicana del siglo xvi* (1886), "obra, en su línea, de las más perfectas y excelentes que posee nación alguna", en opinión del famoso crítico español Menéndez y Pelayo.

Otro historiador tuvo como especialidad la historia colonial, el chileno José Toribio Medina (1852-1930): publicó series de obras exhaustivas sobre la imprenta en toda la América española (17 volúmenes, desde 1891 hasta 1912), sobre los libros relativos a América publicados en Europa desde 1493 hasta 1810 (7 volúmenes, 1898-1907), sobre la Inquisición (6 volúmenes, desde 1887 hasta 1914), el *Diccionario biográfico colonial de Chile* (1906) y estudios sobre personajes como Sebastián Caboto.

En conjunto, la mejor literatura de este período está en prosa, y forman el grupo representativo hombres de la estirpe de Bello, de Sarmiento, de Francisco Bilbao, de Ignacio Ramírez: hombres de pensamiento y de acción a la vez, a quienes puede llamárseles luchadores y constructores. Tales fueron los brasileños Ruy Barbosa y Joaquim Nabuco, el ecuatoriano Juan Montalvo, el peruano Manuel González Prada (1848-1918), el mexicano Justo Sierra, el puertorriqueño Eugenio María Hostos, los cubanos Varona y Sanguily. Todos ellos enriquecieron la prosa castellana con matices nuevos, y señaladamente Montalvo, que anima la opulencia del vocabulario y los giros de los "siglos de oro" con el ímpetu americano de su imaginación; Justo Sierra, elocuente, amplio y generoso; González Prada, conciso y enérgico; Varona, límpido y persuasivo; Hostos, ardiente y luminoso. Ruy Barbosa, en portugués, es abundante y a la vez preciso. Todos participaron en campañas de libertad y de cultura, como maestros, o como periodistas, o como oradores, o directamente en la acción política: así, Ruy Barbosa y Joaquim Nabuco trabajaron por la abolición de la esclavitud (y Ruy Barbosa, además, por el advenimiento de la república en el Brasil), Varona y Sanguily por la independencia de Cuba, Hostos por la independencia de Cuba y de Puerto Rico, Montalvo y González Prada contra los "intereses creados" que usaban toda su fuerza en apoyo de la injusticia, y todos por la cultura de su país natal o de los ajenos, como fue el caso de Hostos. Su grandeza es moral a la vez que literaria.

Así como en la poesía romántica la América española se había adelantado a España, ahora se le adelanta en la novela realista, con las obras del chileno Alberto Blest Gana (1830-1920), *La aritmética en el amor* (1860), *Martín Rivas* (1862), *El ideal de un calavera* (1863), que anteceden en años a las primeras de Galdós. Pero es en este período cuando la novela romántica produce su fruto exquisito, la delicada y pulida *María* (1867) del colombiano Jorge Isaacs (1837-1895).

En el Brasil la novela realista aparece aún más temprano, en las *Memorias de un sargento de milicias* (1854-1855), de Manuel Antonio de Almeida

(1830-1861), y culmina en Joaquim Maria Machado de Assis (1839-1909), novelista maduro y refinado, con madurez y refinamiento de vieja civilización. Machado de Assis es más que mero realista: es gran creador de personajes, pintor de caracteres, agudo desmenuzador de sentimientos. Su *Braz Cubas* (1881), su *Quincas Borba* (1891), su *Dom Casmurro* (1900) son novelas de primer orden en cualquier literatura, igualadas pocas veces, y nunca superadas, en la América hispánica. Posteriormente a Machado de Assis, e influidos por el naturalismo francés, Raúl Pompeia (1863-1895), con *El Ateneo;* Aluizio de Azevedo (1857-1913), con *El mulato* (1881) y *La casa de vecindad* (en portugués *O cortiço,* 1890), y Julio Ribeiro (1845-1890), con *La carne* (1888).

La novela de asunto indígena produce en este período obras de calidad, *Cumandá* (1871), del ecuatoriano Juan León Mera (1832-1894), *Enriquillo* (1879-1882), del dominicano Manuel de Jesús Galván (1834-1910), que se refieren a la época de la Conquista, y *Aves sin nido* (1889), de la peruana Clorinda Matto de Turner (1854-1909), donde se pintan los sufrimientos de la raza india explotada en época contemporánea. No es novela, sino amenísima narración de hechos reales, rica en descripciones pintorescas y en observaciones sagaces, *Una excursión a los indios ranqueles* (1870), del militar argentino Lucio Victorio Mansilla (1837-1913), sobrino de Rosas pero amigo de Sarmiento. Y son de grande originalidad las *Tradiciones peruanas,* que Ricardo Palma (1833-1919) escribió durante más de cuarenta años, comenzando en 1860; en ellas cuenta, en forma breve, y siempre con ingenio, sucesos de la época colonial.

En poesía, convertido ya en tradición el romanticismo, se mantiene la exploración de los temas nativos, desde el paisaje hasta el habitante de la ciudad. Junto a las novelas de tema nativo hay que colocar obras poéticas como las *Fantasías indígenas* (1877) del dominicano José Joaquín Pérez (1845-1900) y el *Tabaré* (1886) del uruguayo Juan Zorrilla de San Martín (1857-1931), poema admirable por su constante invención de imágenes y su gracia musical que, sin estorbar el fácil fluir de la narración, realzan la riqueza de emociones y de sentimientos. Entre las obras poéticas de tea personal, las hay de singulares méritos, como las del colombiano Rafael Pombo (1833-1912) y la *Vuelta a la patria*, del venezolano Juan Antonio Pérez Bonalde (1846-1892). Hubo poetas que, para renovar la expresión romántica, gastada ya a fuerza de repetición, retornaban a formas clásicas: así humanistas como Miguel Antonio Caro y Joaquín Arcadio Pagaza, que sabe descubrir la emoción de quietud y de vigor latente en las montañas y los valles de su país, o Manuel José Othón (1858-1906), que inserta sus emociones trágicas en el desolado paisaje del norte de México *(En el desierto, Idilio salvaje)*. Y no faltan los temas de interés público en la poesía: así, mientras la dominicana Salomé Ureña de Henríquez (1850-1897) exhorta a sus conciudadanos a reverenciar la paz y consagrarse al trabajo y al estudio (Menéndez y Pelayo la llamó "egregia poetisa que sostiene con firmeza en sus brazos femeniles la lira de Quintana, arrancando de ella robustos sones en loor de la patria y de la civilización"; como educadora colaboró con Hostos fundando —1881— la primera escuela para formar maestras), el argentino Olegario Víctor Andrade (1839-1882) canta la gloria de San Martín *(El nido de cóndores)* y, con magnífica visión de futuro, canta "el porvenir de la raza latina en América" *(Atlántida)*.

La grande originalidad poética, en este período, está en los poetas gauchescos de la Argentina, José Hernández (1834-1886) y Estanislao del Campo (1834-1880). Eran, ambos, hombres de ciudad, pero escribieron en lengua campesina. Rafael Obligado (1851-1920) trató temas semejantes en lengua culta: su *Santos Vega* (1877-1885) se distingue por su riqueza de imágenes. Estanislao del Campo contó en su *Fausto* (1866) la conocida leyenda medieval, poniéndola en boca de un gaucho: el viejo tema de folk-lore se adaptaba cómodamente a la imaginación y al lenguaje de los hombres de la pampa, para quienes el Diablo era personaje familiar, capaz de todos los engaños y transformaciones. José Hernández, en *Martín Fierro* (1872) y *La vuelta de Martín Fierro* (1879), hace literatura con propósitos de polémica política: pinta al gaucho que es víctima (¡inesperada paradoja!) del nuevo orden social creado por los órganos deseosos de promover el progreso. Pero sus dos poemas van más allá de la simple polémica: se convierten en grandes frescos de la vida campesina del Río de la Plata, con extraño vigor y ruda grandeza.

En el Brasil, el último grupo de poetas románticos es el de los que humorísticamente llamaron sus críticos *condoreiros* porque eligieron el cóndor de los Andes como tema simbólico; fueron poetas de entonación robusta, interesados en cuestiones sociales: Tobias Barreto y Antonio Castro Alves. Sucede a este grupo el de los refinados poetas parnasianos, influidos por el grupo francés del Parnasse: Machado de Assis (el gran novelista), Luis Guimarães (1847-1898) y Theóphilo Dias (1857-1889).

La América hispánica da a Europa escritores eminentes que adoptan otro idioma que el de su tierra nativa, como escogió William Henry Hudson el inglés, sin contar los que se trasladan a España, como el dramaturgo Ventura de la Vega (1807-1865), nacido en la Argentina, o se trasladan a Portugal, como el poeta Antonio Gonçalves Crespo (1847-1883), nacido en el Brasil. A Francia se trasladan, y escriben en francés, el sonetista parnasiano José María de Heredia (1842-1905), nacido en Cuba, primo y homónimo del "cantor del Niágara"; el poeta simbolista Jules Laforgue (1860-1887) y el precursor de los super-realistas Conde de Lautréamont (seudónimo de Isidore Ducasse, 1846-1870), uruguayos ambos; antes lo había hecho la escritora cubana Mercedes Santa Cruz, Condesa de Merlin (1789-1852), que tuvo en París uno de los salones literarios célebres de su tiempo, y después el poeta y novelista uruguayo Jules Supervielle (n. 1884). Muchos otros ha habido, o hay, de importancia menor, que escriben en francés, en inglés, en italiano o en alemán. Son nativos de la América hispánica, igualmente, el pintor Théodore Chassériau (1819-1856), nacido en Santo Domingo bajo el dominio español, y el compositor Reynaldo Hahn (n. 1874), nacido en Venezuela: ambos trabajan en Francia.

Con el restablecimiento económico reaparece la arquitectura en la América española: predomina ahora, sobre el estilo español, el francés (desde el período anterior dominaba sobre el portugués en el Brasil). Se desarrollan rápidamente las ciudades de la porción meridional de la América del Sur: Río de Janeiro, São Paulo, Montevideo, Buenos Aires, Santiago de Chile, Valparaíso. A ellas deben agregarse dos ciudades septentrionales: Caracas y México; además, La Habana, todavía en manos de España.

En la pintura persisten tradiciones clasicistas, en lucha o en fusión con tendencias románticas. Son pintores representativos el mexicano José María Velasco (1840-1912), cuyas obras características son vastos paisajes del valle de México, y el uruguayo Juan Manuel Blanes (1830-1901), cuyo tema preferido es el campo rioplatense. En el arte pictórico popular hay manifestaciones de desusado interés, como los dibujos del mexicano José Guadalupe Posada (1851-1913) para pliegos de cordel con romances o cuentos y sus caricaturas para periódicos satíricos.

Hay más pintores que merecen recuerdo, como los mexicanos Félix Parra (1845-1919), autor del célebre cuadro que representa al P. Las Casas como protector de los indios, y Santiago Rebull (1829-1902), el venezolano Arturo Michelena (1863-1898), los chilenos Pedro Lira (1845-1912) y Alfredo Valenzuela Puelma (1856-1908), los brasileños Pedro Américo de Figueiredo (1843-1905) y Vítor Meireles (1832-1903), el argentino Eduardo Sívori (1847-1918). La influencia del impresionismo francés comienza con el argentino Martín Malharro (1865-1911) y el dominicano Luis Desangles (1862-1937).

Hay poca escultura. Los monumentos públicos se encargaban, por lo común, a artistas franceses, italianos o españoles: así, el Bolívar de Tenerani, en Caracas, y el Colón de Henri-Charles Cordier, en México; todavía en el siglo XX hizo Rodin la estatua de Sarmiento, y Bourdelle la del general Alvear, para Buenos Aires. Excepción significativa es Miguel Noreña, autor de la estatua de Cuauhtémoc y del monumento al ingeniero del siglo XVII Enrico Martínez, en México.

Está muy extendido el cultivo de la música, como en la época colonial. Después de la orquesta sinfónica de Caracas (hacia 1750), se menciona la de Guatemala (1800). En el siglo XIX, aunque las orquestas no se convertían en organizaciones permanentes, se daban conciertos sinfónicos en las ciudades princi-

pales: en Buenos Aires, durante la época de Rivadavia (1821-1827), se ejecutaban sinfonías de Haydn
y de Mozart; hubo orquestas de concierto en México y en Bogotá; en las iglesias se ejecutaba música
de Palestrina y de Victoria, de Bach y de Haendel.

De la América hispánica salen entonces artistas que
adquieren renombre internacional: como pianistas, la
venezolana Teresa Carreño (1853-1917), los cubanos Fernando Aristi (1828-1888) y su hija Cecilia, Ignacio Cervantes (1847-1905), José Manuel Jiménez (1855-1917); como
violinistas, los cubanos José White (1836-1918), Rafael
Díaz Albertini y Claudio Brindis de Salas (1852-1912);
como cantante, la mexicana Angela Peralta (1845-1883).

Compositores hubo muchos, de música religiosa,
de sinfonías y cuartetos, de piezas para piano y vio-
lín, de canciones. Entre los autores de óperas se
distinguen los mexicanos Cenobio Paniagua (1822-
1882), con su *Catalina de Guisa*, Aniceto Ortega
(1823-1875), con su *Guatimozín*, de asunto indígena (1871), y Melesio Morales (1839-1909), con su
*Indegonda*, estrenada en Florencia hacia 1868, y tres
obras estrenadas en México: *Romeo y Julieta* (1863),
*Gino Corsini* (1877) y *Cleopatra* (1891), el colombiano José María Ponce de León, con su obra bíblica
*Ester* (1847), el cubano Gaspar Villate (1851-1891),
con *Zilia*, estrenada en París (1877), *Baldesarre*, en
Madrid (1885), y *La czarine*, en El Haya (1888). El
que ha sobrevivido es el brasileño Carlos Gomes
(1836-1896), que hizo representar nueve obras· en
Europa y en América. Aunque se asegura que su obra
maestra es *Lo schiavo* (1889), la mejor conocida,
sobre todo por su pintoresca obertura, es *Il Guarany*
(Teatro de la Scala, en Milán, 1870), de asunto indígena y con temas nativos: es buena partitura a

la manera de Verdi en su época de transición, la época de *Aída*.

La música popular del campo y la música vulgar de las ciudades florecen como en los siglos anteriores. Su creación superior es la danza habanera, que nació en Cuba, como transformación criolla de la *contredanse* francesa; se dice que le dio su forma definitiva Manuel Saumell (1817-1870), hacia 1840. Se propaga, luego, a todas las Antillas y fuera de ellas: en Puerto Rico la cultiva, con delicada invención melódica, Juan Morel Campos (1857-1896). En Europa se difunde a través de las publicaciones del vasco Sebastián Iradier, que residió largo tiempo en Cuba, autor de *La paloma* y de la habanera que Bizet adoptó en *Carmen;* componen otras, después, Chabrier, Saint-Saëns, Ravel. En América escribieron danzas compositores cultos como los cubanos Ignacio Cervantes —las suyas son exquisitas—, Gaspar Villate, José White, y más adelante Eduardo Sánchez de Fuentes (1876-1944), cuya canción *Tú* ("En Cuba, la isla hermosa del ardiente sol...") ha dado la vuelta al mundo, el colombiano Enrique Price (1819-1863), los mexicanos Ernesto Elorduy (1853-1912), Ricardo Castro (1866-1907) y Felipe Villanueva (1863-1893), autor del admirable *Vals romántico*, contemporáneo, aunque menos popular, del conocidísimo vals *Sobre las olas*, de otro mexicano, Juventino Rosas († 1895). Y no es la habanera la única forma criolla que ofrece atractivo a los compositores cultos: desde mediados del siglo XIX se encuentran en México, en Cuba, en Colombia, en el Brasil, obras en que se imitan tipos locales de canción o de danza o se explotan melodías y ritmos regionales; métodos que habrán de producir fructificación abundante en el siglo XX.

# VII. PROSPERIDAD Y RENOVACIÓN, 1890-1920

COMO EN todo el mundo occidental, en la América hispánica hay prosperidad hacia 1890. Según los países, el bienestar económico alcanza a muchas capas de población, como en la Argentina y el Uruguay, o sólo a las capas superiores, como en México y el Brasil. La organización política da sensación de estabilidad: las instituciones se mantienen, y se respeta por lo menos su forma. En las relaciones jurídicas, las sociedades están ya adaptadas al sistema, de modelo francés, que habían implantado, y se hacen pocos retoques en la legislación, si bien en las relaciones humanas que las leyes no regulan persisten tradiciones españolas y portuguesas. En el Brasil, las instituciones republicanas no hallaron tropiezos: el imperio había sido, en muchos de sus aspectos, democrático; pocas diferencias trajo a la vida pública el cambio de régimen.

Las únicas posesiones que España había conservado en el Nuevo Mundo las pierde en 1898, como consecuencia de la insurrección de Cuba (1895-1898) y de la guerra con los Estados Unidos: Cuba se hace independiente y se organiza como república en 1902 (su constitución se votó en 1901); Puerto Rico pasa al dominio de los Estados Unidos, pero conserva su carácter hispánico, y el idioma inglés, a pesar de los esfuerzos oficiales, hace allí poco camino.

Al comenzar el siglo XX, la América hispánica, como el mundo todo, presentaba la apariencia de una estabilidad con perspectiva de duración indefinida. Ocurrían, aquí y allí, disturbios políticos, pero se estimaba que eran supervivencias del pasado turbulento, destinadas a desaparecer. Años después, empieza a cambiar el panorama, antes de que se modificara en Europa con el conflicto de 1914. Con el bienestar económico habían surgido grupos nuevos en las sociedades americanas, se había formado lo que se llama una "clase media" desde el punto de vista económico (no existen en la América hispánica, ni siquiera en el Brasil, clases en el antiguo sentido político de Europa); estos nuevos grupos aspiraban a influir en la vida pública. Como siempre, México y la Argentina son países donde se desarrollan movimientos significativos.

En México se inicia, poco antes de 1910, el movimiento que se llamará la Revolución: tendrá honda repercusión y vastas consecuencias en toda América. Desde 1908 el pueblo mexicano da señales de su voluntad de poner fin a la larga dominación de Porfirio Díaz: duraba desde 1876, contándose como parte de ella los cuatro años (1880-1884) del presidente Manuel González. Había sido pacífica, pero había suprimido las libertades públicas. Había comenzado con orientación liberal, pero había acabado en una nueva forma de política conservadora. Ahora la "clase media" pedía el retorno de las libertades democráticas de Juárez y Lerdo de Tejada. La Revolución, en su fase inicial, triunfó en pocos meses (noviembre de 1910 a mayo de 1911), pero el gobierno que de ella emanó duró poco: fue derribado por la reacción conservadora (febrero de 1913); la guerra civil persiste, con no pocas peripecias raras, durante cinco años. Termina en 1917, salvo uno que otro brote posterior, a veces muy grave. Mientras tanto, a la reclamación de la "clase media" se había sumado la defensa del proletariado: la Revolución incorporó a sus programas principios de origen socialista. Las reclamaciones del trabajador campesino habían hallado voz en la rebelión de Emiliano Zapata, desde 1910, en una de las zonas dedicadas a la industria azucarera, el Estado de Morelos. Y en 1916, en medio de la guerra civil, se redactó una constitución, promulgada al fin el 5 de febrero de 1917, cuando se cumplían exactamente sesenta años de la venerable y venerada constitución de los tiempos de la Reforma. La nueva carta fundamental contiene artículos que provocaron y provocan todavía discusiones: el 3º, que establece el carácter socialista de la enseñanza oficial; el 27, que regula la propiedad de tierras y de aguas y declara exclusiva de la nación la propiedad de las minas y de los yacimientos de petróleo; el 123, que determina los derechos del trabajador. El socialismo, sin embargo, no se ha implantado en México en el orden económico sino en pequeña parte: al restaurar el ejido o propiedad rural común, que había existido durante la época colonial como forma española injerta en otra azteca y se había extinguido, en tiempos de la Reforma, con las leyes sobre la "mano muerta"; pero además se reparten tierras a campesinos, individualmente, fomentando así la pequeña propiedad.

En la Argentina, después de los ejemplares gobiernos de Mitre, Sarmiento y Avellaneda, desde 1862 hasta 1880, se constituyó una oligarquía que se mantuvo en el poder treinta y seis años, hasta que el presidente Roque Sáenz Peña (1851-1914) obtuvo del Congreso una reforma a la ley electoral para asegurar la libertad del sufragio. Así subió al poder, en 1916, el partido radical, que no lo era, a pesar de su nombre incongruente: este partido representaba, sobre todo, a la "clase media", cuya masa principal la constituyen los descendientes de inmigrantes. En 1918 comienza la Reforma Universitaria, movimiento de largo alcance.

Las doctrinas socialistas no aparecieron en la América hispánica por primera vez durante el siglo xx: desde antes de mediados del xix eran conocidas las teorías de Saint-Simon, de Fourier, de Proudhon; en la Argentina se llamó *Dogma socialista* el programa de la Asociación de Mayo, fundada por Echeverría y sus amigos (1838); en Colombia se organizaron clubs socialistas durante el gobierno liberal (1849-1853) de José Hilario López; en México hubo escritores y poetas de orientación socialista, como Pantaleón Tovar (1828-1876) y Juan Díaz Covarrubias (1837-1858); el francés Taudonnet había publicado en Río de Janeiro una *Revista Socialista* (1845); pero estos socialistas pocas veces llegaban a aceptar las doctrinas europeas con todas sus consecuencias en el orden económico: Echeverría, por ejemplo, nunca rebasó el criterio liberal. Y toda la legislación de la época consagra el respeto a la propiedad privada, amenazada antes por los abusos del absolutismo.

En el siglo xx la situación varía: el socialismo que se estudia y que influye no es ya el "utópico" de los pensadores franceses, sino el "científico" de Marx y Engels. Crece ahora rápidamente, y antes de 1910 ya tiene diputados en el congreso de Chile y en el de la Argentina. El partido socialista argentino tuvo como fundador a Juan Bautista Justo (1865-1928), catedrático de medicina en la Universidad de Buenos Aires y autor de libros importantes como *Teoría y práctica de la historia* (1909); su primer diputado fue Alfredo Lorenzo Palacios (n. 1879) que desde 1904 presentó e hizo aprobar leyes en favor del obrero (después ha sido catedrático de derecho y presidente de la Universidad de La Plata); su primer senador fue, en 1913, otro universitario, Enrique del Valle Ibarlucea (1878-1921), jurista que redactó el código del trabajo en colaboración con Joaquín V. González (1863-1923), pensador liberal y hombre público que desempeñó el cargo de ministro de Justicia e Instrucción Pública (1904-1906) y fundó la Universidad de La Plata. El Partido tiene su órgano periodístico, *La Vanguardia*, desde 1894.

En filosofía, al principiar el siglo xx imperaba el positivismo, y hasta hacía nuevos adeptos: los más notables, el sociólogo Mariano H. Cornejo (n. 1867), en el Perú, y el psicólogo y sociólogo José Ingenieros (1877-1925), en la Argentina. Pero pronto aparecen tendencias nuevas, opuestas a las limitaciones del positivismo; se difunden las obras de Boutroux, de Bergson, de Benedetto Croce, de William James. Orientan este impulso de renovación Raimundo de Farías Brito (1862-1917), del Brasil; Alejandro Deústua (1849-1945), del Perú; Alejandro Korn (1860-1936), de la Argentina; Carlos Vaz Ferreira (n. 1873), del Uruguay, y, en generación posterior, Antonio Caso (1883-1946) y José Vasconcelos (1881-1959) de México; Víctor Andrés Belaúnde (n. 1883) y Francisco García Calderón (n. 1883), del Perú. A ellos se suman, mirando con interés la renovación, Enrique José Varona y Justo Sierra. Todos estos pensadores producen obra interesante y en ocasiones muy original, señaladamente Korn en *La libertad creadora* (1922), Vaz Ferreira en *Lógica viva* (1910), Caso en *La existencia como economía, como desinterés y como caridad* (1919). En parte debe contarse dentro de este movimiento, como pensador moralista, al grande escritor uruguayo José Enrique Rodó (1871-1917), que en sus *Motivos de Proteo* (1919) expone la doctrina de la renovación espiritual como deber, la "ética del devenir".

En la educación pública, al irse desvaneciendo

114

la influencia del positivismo, se impone la libertad filosófica; pero en la enseñanza secundaria se mantiene el predominio de las ciencias. Se presta ahora mucha atención a la pedagogía en sí misma: interesan las novedades de doctrina y de método. La experimentación y las investigaciones pedagógicas adquieren importancia en Chile, en la Argentina, en México, en Cuba, y se publican revistas especiales: Sarmiento había fundado en 1858 la *Revista de Educación*, órgano de las autoridades de la provincia de Buenos Aires, e inspiró después, en 1880, *El Monitor de la Educación Común;* ambos existen todavía.

Se fundan universidades nuevas: la más importante, en la ciudad de La Plata (1902). En 1910 se reconstituye la Universidad de México, gracias a empeños de Justo Sierra; en 1914, la de Santo Domingo, restaurada desde 1866 bajo el nombre de Instituto Profesional. En Cuba, idos los españoles, Varona reorganizó el sistema de la enseñanza pública, desde la Universidad hasta las escuelas primarias, que cuadruplicaron su número: la isla tiene entonces "más maestros que soldados".

El movimiento de Reforma Universitaria, iniciado en la Argentina (1918), influye en países vecinos, y particularmente en el Perú, donde surge otro movimiento de igual nombre (1919): pidió y obtuvo la intervención de los estudiantes en el gobierno de la Universidad, y trató de acercarla al pueblo. Y desde antes de 1918 existían en la Argentina las universidades populares que fundó el partido socialista.

La investigación científica se sistematiza en instituciones como el Museo Nacional de México, el Museo de La Plata, los Observatorios Astronómicos de Córdoba, en la Argentina (lo había establecido Sarmiento durante su administración), y de Tacubaya, en México, y en planteles nuevos como el Instituto Geológico, el Biológico y el Bacteriológico, en México, el Instituto de Física y el Observatorio Astronómico de La Plata (adscritos a la Universidad, como el Museo, que era anterior a ella), el Museo Etnográfico, el Museo de Farmacología (donde se estudia la materia médica indígena), el Instituto de Fisiología, el de Anatomía Normal, el de Anatomía Patológica, el Instituto Modelo de Clínica Médica y el Instituto de Investigaciones Históricas, adscritos a la Universidad de Buenos Aires.

A medida que aumentan los institutos oficiales de investigación, disminuyen las asociaciones particulares dedicadas a los intereses de la cultura, que tanto papel desempeñaron a comienzos y a mediados del siglo XIX; pero todavía ejercieron amplia influencia, entre otras, tres que llevaron el nombre de Ateneo: el de Montevideo, que funciona todavía; el de La Habana, donde se pronunciaron muchas conferencias excelentes; el de México (1907-1914), vehículo de la juvenil revolución intelectual que precedió a la revolución política de 1910 y fundador de la primera Universidad Popular en México (1912-1920). El Ateneo de México se llamó primero Sociedad de Conferencias (1907-1908): sus miembros principales fueron Antonio Caso, Alfonso Reyes, José Vasconcelos, Martín Luis Guzmán, Enrique González Martínez; dos de ellos, Jesús Tito Acevedo (c. 1888-1918) y Federico E. Mariscal (n. 1881), iniciaron el movimiento de estudio de la arquitectura colonial del país. En cambio, el Ateneo de La Habana fue suplantado, en la atención del público, por la Sociedad de Conferencias (1910-1915), fundado por el ensayista y cuentista Jesús Castellanos (1879-1912) y el escritor dominicano Max Henríquez Ureña (n. 1885).

Alta figura en los anales de la ciencia médica es el investigador cubano Carlos Juan Finlay (1833-1915): desde 1883 había demostrado experimentalmente (el caso del P. Urra) la transmisión del microbio de la fiebre amarilla a través de la picadura de uno de los mosquitos comunes (*Stegomya fasciata*); su tesis fue confirmada en 1900-1901 con los trabajos de una comisión de médicos norteamericanos y cubanos (los jefes eran Walter Reed, Jesse Lazear, James Carroll y Arístides Agramonte), y aplicando reglas de Finlay se emprendió el saneamiento de La Habana, luego el de Panamá, y finalmente, bajo la dirección del gran higienista Oswaldo Cruz, el de los puertos del Brasil. Finlay hizo muchos otros estudios sobre enfermedades diversas. En 1905 fue candidato al Premio Nobel, a propuesta de Sir Ronald Ross, famoso por sus investigaciones sobre el paludismo. Tanto Finlay y su ayudante Claudio Delgado como Domingo Freire (1849-1899) en el Brasil (1880) y Manuel Carmona y Valle (1827-1902) en México trataron de encontrar el microbio de la fiebre; según parece, en 1927 se demostró en África (Stokes, Bauer y Hudson) que el agente patógeno es un virus filtrable.

Tienen importancia los trabajos del biólogo argentino Ángel Gallardo (1867-1934) sobre la *Interpretación dinámica de la división celular* (1903) y de los médicos, igualmente argentinos, Luis Agote (n. 1869) y Pedro Chutro (1880-1937): Agote inventó el procedimiento de agregar citrato de sodio a la sangre para evitar la coagulación en las transfusiones (1914); Chutro, en la guerra europea de 1914-1918, inventó, aplicó y difundió la "racionalización" de la técnica operatoria, para ganar tiempo en la operación de los heridos.

Hombres de ciencia pertenecientes a este período son, además, en Cuba, el zoólogo Carlos de la Torre y Huerta (n. 1858), el biólogo y médico Juan Guiteras (1852-1925), los botánicos Manuel Gómez de la Maza (1867-1916) y José Tomás Roig y Mesa (n. 1878), autores de la *Flora de Cuba* (1914); en México, los geólogos José G. Aguilera y Ezequiel Ordóñez, que dirigieron la triangulación del territorio, el físico y astrónomo Valentín Gama, el biólogo Alfonso L. Herrera; en Venezuela, los biólogos y médicos Luis Razetti (n. 1862) y Guillermo Delgado Palacios; en Colombia, el botánico Joaquín Antonio Uribe, autor de la *Flora sonsonesa;* en la Argentina, el botánico Miguel Lillo, los médicos Abel Ayerza y Marcelino Herrera Vegas (n. en Venezuela, 1870), autor de estudios sobre quistes hidatídicos.

Como siempre, es numeroso el grupo de etnólogos, arqueólogos y filólogos dedicados al estudio de los pueblos, las culturas y las lenguas indígenas de América: en Venezuela, el geógrafo Alfredo Jahn († 1944) y el historiador Lisandro Alvarado; en Colombia, Ernesto Restrepo Tirado (n. 1862); en la Argentina, Salvador Debenedetti y Luis María Torres (1878-1937).

El Brasil, por su parte, produjo al gran precursor de la aviación moderna, Alberto Santos Dumont (1873-1932), que después de haber ensayado con éxito la navegación aérea en globos dirigibles (en 1901 voló de Saint-Cloud a París), hizo vuelos en aeroplano, el 23 de octubre y el 12 de noviembre de 1906.

Para fines del siglo xix la proliferación de diarios y de revistas es enorme, y tanto mayor cuanto que muchos de ellos tenían vida corta. Como publicaciones que alcanzaron significación en el movimiento literario que se llamó *modernista,* se distinguen la *Revista Azul* (1894-1896), uno de cuyos directores fue Gutiérrez Nájera, y la *Revista Moderna* (1898-1911), de los poetas Jesús E. Valenzuela (1856-1911) y Amado Nervo, en México; *La Habana Elegante* (ya mencionada), *El Fígaro*

(1885-1925) y *La Habana Literaria* (1891-1892), en Cuba; *El Cojo Ilustrado* (1892-1915) y *Cosmópolis* (1894-1895), en Caracas; la *Revista Nacional de Literatura y Ciencias Sociales* (1895-1897), en Montevideo; la *Revista de América* (1896), de Rubén Darío y Ricardo Jaimes Freyre, y *El Mercurio de América* (1898-1900), en Buenos Aires. A la difusión de la literatura nueva ayudó también, en parte, *La Biblioteca* (1896-1898), de Buenos Aires, órgano de la institución nacional de su nombre, bajo la dirección del eminente historiador franco-argentino Paul Groussac (1848-1929). Entre las revistas que aparecen después de comenzar el siglo xx se cuentan *Nosotros* (1907-1934; segunda época, 1936-1943), de Buenos Aires; *Colónida* (1915-19??), del cuentista Abraham Valdelomar (1888-1919), en Lima; *Los Diez* (1916-19??), en Santiago de Chile; *Cuba Contemporánea* (1913-1927), en La Habana.

Las hubo, finalmente, en países de lengua extranjera: *Las Tres Américas* (1894-1897), de Bolet Peraza, en Nueva York, donde además existió durante cuarenta años, desde 1876, una revista de noticias y comentarios de la actualidad, *Las Novedades*, que en sus últimos tiempos de vida (1915-1916) tuvo sección literaria interesante; los órganos del movimiento cubano de independencia, y superior a todos, *Patria* (1892-1898), en Nueva York, fundado por José Martí y dirigido después por Varona; en el siglo xx, *El Nuevo Mercurio* (1907-19??), de Enrique Gómez Carrillo, *Mundial* (1912-1914), de Rubén Darío, y la *Revista de América* (1912-1914), de los peruanos Francisco y Ventura García Calderón, en París.

Las publicaciones dedicadas a las ciencias, al derecho, a la historia, crecen en número. Muchas de ellas son órganos de institutos o de sociedades de investigación y estudio.

Extraordinario brillo adquiere en este período la literatura. En él se desenvuelve el movimiento que llevó el poco expresivo nombre de *modernismo*. Los países de América se adelantan ahora a España en más de quince años en esta renovación literaria. Los indicios de cambio en el gusto se advierten en poetas como González Prada y Manuel José Othón (mencionados antes), en el argentino Almafuerte (seudónimo de Pedro Bonifacio Palacios, 1854-1917), el dominicano Gastón Fernando Deligne (1861-1913), muy original y agudo en breves poemas psicológicos o filosóficos, como *Confidencias de Cristina* (1892), *Aniquilamiento* (1895), *En el botado* (1897), *Ololoi* (1899), *Entremés olímpico* (1907), los mexicanos Salvador Díaz Mirón (1853-1928), en su "primera manera" romántico impetuoso al modo de Victor Hugo y en su "segunda manera" sereno en la entonación, riguroso en el cuidado de la forma, y Francisco Asís de Icaza (1863-1925), que además fue crítico y se distinguió en sus estudios sobre las *Novelas ejemplares* de Cervantes (1901).

Al movimiento, en su plenitud, se le atribuyen cinco jefes: José Martí (1853-1895) y Julián del Casal (1863-1893), de Cuba; Manuel Gutiérrez Nájera (1859-1895), de México; José Asunción Silva (1865-1896), de Colombia; Rubén Darío (1867-1916), de Nicaragua. Tienen secuaces como el colombiano Guillermo Valencia (1873-1943), los mexicanos Luis Gonzaga Urbina (1868-1934), Amado Nervo (1870-1919) y José Juan Tablada (1871-1945). Todos pertenecen a países situados al norte del Ecuador. Después el movimiento se extiende al sur, cuando Rubén Darío pasa, en 1893, a residir en Buenos Aires: aparecen entonces Leopoldo Lugones (1874-1938), de la Argentina, Julio Herrera y Reissig (1875-1910), del Uruguay, Ricardo Jaimes Freyre (1868-1933), de Bolivia, José Santos Chocano (1875-1934), del Perú, Carlos Pezoa Véliz (1879-1908), de Chile. Estos veinte poetas representan el nivel superior, como conjunto, que ha alcanzado la América española.

Paralelamente, en el Brasil se desarrolla otro movimiento similar, pero de escasas conexiones con el de lengua castellana, y en él figura el grupo mejor —como grupo— de poetas brasileños: Olavo Bilac (1865-1918), Alberto de Oliveira (1857-1937), Raymundo Corrêa (1860-1911), Bernardino Lopes (1859-1916), João de Cruz e Sousa (1862-1918).

Junto con los poetas aparecen muchos escritores en prosa. No son comparables, como grupo, al que en el período anterior comprende a Justo Sierra, González Prada, Montalvo, Hostos, Varona, Ricardo Palma, Jorge Isaacs, en la América española, y Ruy Barbosa, Joaquim Nabuco y Machado de Assis, en el Brasil; pero hay figuras salientes, sobre todo las de los uruguayos José Enrique Rodó y Horacio Quiroga (1879-1937), el colombiano Baldomero Sanín Cano (n. 1860) y el venezolano Manuel Díaz Rodríguez (1868-1927). De los poetas, eran también prosistas distinguidos Martí, Gutiérrez Nájera, Rubén Darío, Nervo, Urbina, Valencia, Lugones.

Este movimiento renovó íntegramente las formas de la prosa y de la poesía: vocabulario, giros, tipos de verso, estructura de los párrafos, temas, ornamentos. El verso tuvo desusada variedad, como nunca la había conocido antes: se emplearon todas las formas existentes, se crearon formas nuevas, y se llegó hasta el verso libre a la manera de Whitman y el verso fluctuante a la manera de la poesía española en los siglos XII y XIII: al principio se ensayó tímidamente; después con libertad, en el *Canto a la Argentina* (1910), de Darío. La prosa perdió sus formas rígidas de narración semi-jocosa o de oratoria solemne con párrafos largos: adquirió brevedad y soltura.

De las grandes figuras del movimiento, la primera, cronológicamente, es José Martí, libertador de

Cuba, cuya guerra final de independencia promovió, con largas campañas de orador, de periodista y de concertador de voluntades: en ella murió, a poco de comenzada. Su vida, toda de sacrificio, estuvo dedicada a Cuba y a "nuestra América" (expresión que él acuñó). Como escritor es uno de los más admirables con que cuenta el idioma castellano: su estilo es invención constante, siempre feliz; grande es su riqueza de ideas, la variedad de sus emociones, su fe en la humanidad, la libertad, la justicia y el bien.

A Rubén Darío se le estima generalmente como el mayor poeta que ha producido la América hispánica. En vida tuvo fama inmensa, tanto en América como en España, donde ejerció grande influencia personal (desde 1899) e impuso la renovación literaria. Después de su muerte se le ha discutido; pero muy pocos le niegan lugar de primer orden. En su juventud, particularmente en *Prosas profanas* (1896), su poesía tuvo brillo, color, alegría, quiso abarcar toda la belleza del mundo, todos los refinamientos de las civilizaciones, desde la China y la India hasta Florencia y París. Se le tachó de amador excesivo de las cosas exóticas, y él mismo se creía espiritualmente desarraigado de su América y de su tiempo; en realidad, representaba el deseo, muy de "nuestra América", de probar todos los frutos de la cultura. Después, su viaje a España le hizo sentirse "poeta de la raza" (según la inexacta expresión en boga entonces) y trató temas, que antes no le interesaban, de la vida pública, los grandes temas del porvenir de los pueblos de habla española: *Salutación del optimista*, 1902; *A Roosevelt*, 1903; *Oda a Mitre*, 1906; *Viaje a Nicaragua*, 1907; *Canto a la Argentina*, 1910. Mientras tanto, su antigua alegría va cediendo a la amargura de la vida que avanza, de la juventud que se va, y sus versos nos dan entonces notas profundas y dolorosas *(Nocturnos, Lo fatal, Poema del otoño)*, de las más dolorosas y profundas que conoce la poesía castellana.

Si a Rubén Darío se le consideró el mayor poeta de su tiempo, a José Enrique Rodó se le juzgó el más grande de los escritores en prosa. Como Darío, ha sido víctima de la reacción de generaciones posteriores; al igual de él, conserva, a pesar de sus detractores, muy alto lugar. Como estilista, dio nuevos matices a la prosa castellana; como crítico, renovó las formas de apreciación de la literatura *(Rubén Darío, 1898; Juan María Gutiérrez y su época)*; como pensador, se le deben la original doctrina de la "ética del devenir" y sus estudios sobre hechos y orientaciones de la vida social y la cultura en América *(Ariel, 1900; Montalvo; Bolívar)*.

Entre las obras de los demás escritores y poetas que pertenecen a este período hay que destacar sucintamente[1] la poesía serena y pulcra de Gutiérrez Nájera, y su prosa, sorprendente por la variedad de formas, que van desde la ornamental y pintoresca hasta la minuciosa y fina que se anticipa a la del español Azorín; la poesía, unas veces opulenta de color, otras veces doliente y quejumbrosa, de Casal; la originalidad de emoción, expresada con originalidad de forma, en el *Nocturno* de Silva (Una noche..."); la maestría verbal y pictórica de Lugones; la invención de imágenes, en Julio Herrera y Reissig; las multicolores imágenes de América, en Chocano; las personales y extrañas emociones de Amado Nervo, con las cuales contrastan las emociones comunes límpidamente expresadas por Urbi-

---

[1] Sería imposible estudiarlos a todos sin convertir este manual en tratado de historia literaria.

na: los delicados matices de la prosa de Díaz Rodríguez; la madura y liberal sabiduría de Sanín Cano.

Los prosistas escriben, de preferencia, ensayos (Rodó, Darío, Sanín Cano, Díaz Rodríguez), *crónicas* o comentarios de actualidad, local o universal (Martí, Gutiérrez Nájera, Darío, Urbina, el guatemalteco Enrique Gómez Carrillo, 1873-1927), y cuentos (Martí, Gutiérrez Nájera, Casal, Silva, Darío, Nervo, Lugones, Díaz Rodríguez, Horacio Quiroga, original y vigoroso en sus historias de hombres y animales de la selva). La novela alcanza menor desarrollo; los novelistas que sobresalen son Reyles, Quiroga, Díaz Rodríguez, el venezolano Rufino Blanco Fombona (1874-1944), el dominicano Tulio Manuel Cestero (n. 1877), los argentinos Enrique Larreta (n. 1875), con su ficción histórica *La gloria de don Ramiro* (1908), y Roberto José Payró (1867-1928), con sus narraciones y descripciones de la vida criolla.

En el Brasil, Olavo Bilac es poeta típicamente tropical, vivaz en las emociones y brillante en las imágenes; Alberto de Oliveira es perfecto en la forma y hondo en el concepto; Raymundo Corrêa es fino y delicado. Los tres son paisajistas admirables. En la ficción, después de los realistas y naturalistas, aparece José Pereira de Graça Aranha (1868-1931), cuya célebre *Canaán* (1902) es uno de los primeros ejemplares de la "novela de problemas", con discusiones sobre el futuro del país. El prosista de mayor importancia es Euclides da Cunha (1866-1909); su gran libro *Los sertones* (1902) cuenta la trágica historia del fanático religioso Antonio Conselheiro y de sus secuaces; además, estudia a fondo y describe con trazos vigorosos el medio rural y sus habitantes.

El teatro ha sido siempre entretenimiento favorito del público en la América hispánica, y en sus principales ciudades trabajaron durante el siglo XIX y principios del XX, junto a las compañías dramáticas locales, las españolas y las portuguesas; además, desde alrededor de 1870, fueron frecuentes las visitas de los grandes actores de Italia (Adelaida Ristori, Giacinta Pezzana, Tommasso Salvini, Ernesto Rossi, Ferruccio Garavaglia, Ermete Novelli, Ermete Zacconi, Eleonora Duse, Italia Vitaliani, Virginia Reiter, Teresa Mariani, Irma y Emma Grammatica, Giovanni Grasso, Mimí Aguglia, Ruggero Ruggeri); de Francia (Sarah Bernhardt, los dos Coquelin, Gabrielle Réjane, Julie Baret, Lucien Guitry, Suzanne Desprès, Lugne-Poë), excepcionalmente artistas de lengua inglesa o alemana (el más notable de todos, Moissi). Hubo actores notables nacidos en América, como los cubanos Paulino Delgado y Luisa Martínez Casado y el panameño Germán Mackay. Pero la producción local de dramas y comedias, que tuvo importancia durante los años que siguieron a la independencia, decayó después, excepto en los sainetes y zarzuelas breves, como los que se estrenaban en México y en Cuba. Esta producción sólo se levanta de nuevo cuando renace, de modo inesperado, a través del circo, en la Argentina y el Uruguay. El empresario uruguayo José Podestá (c. 1858-1937) concibió el plan de ofrecer al público, en las funciones del circo que dirigía, pantomimas dramáticas de asunto gauchesco: la primera, en 1884, fue *Juan Moreira*; en 1886 se representó con palabras. Se compusieron muchos nuevos dramas de este tipo, creció su popularidad y hubo varias compañías de la familia Podestá que recorrieron la Argentina y el Uruguay. Por fin, en 1901 pasaron de los circos y los teatros de barrio a los teatros céntricos de Buenos Aires, y en 1902 dejaron los temas gauchos para

**125**

estrenar obras de toda especie, escritas por autores argentinos y uruguayos. La producción fue abundante, y el éxito enorme. Entre todos estos dramaturgos, que fueron muchos, el principal es el uruguayo Florencio Sánchez (1875-1910). Sus dramas son fuertes y sombríos, sobre todo el magnífico *Barranca abajo* (1905), comparable a las grandes obras realistas del teatro europeo; entre sus comedias sobresalen *La gringa* y *M'hijo el dotor* (1903).

En la música y las artes plásticas, este período es de transición. Los compositores dividen su atención entre Francia y Alemania para formas como la sinfonía, el cuarteto y la canción; en la ópera las influencias se dividen entre Francia e Italia: desde luego, la Francia y la Italia posteriores a la revolución de Wagner. El estudio y aprovechamiento de los tipos populares de música se dirigen ahora hacia rumbos nuevos, particularmente con Julián Aguirre (1869-1924), en la Argentina, y con Manuel M. Ponce (1886-1948) en México. A Aguirre le dieron fama su *Huella* y su *Gato* (dos tipos de danza cantada del norte argentino); compuso además delicadas canciones y piezas de piano. Ponce, universalmente conocido por su *Estrellita*, canción de tipo germánico, hizo entre 1912 y 1920 finas transcripciones y arreglos de motivos populares; después ha avanzado hacia formas muy modernas de composición instrumental.

La arquitectura se desarrolla con escasa originalidad, calcando estilos europeos; se prefieren modelos franceses para los grandes edificios, públicos o privados, de las ciudades; para casas de campo o de balneario, se imitan modelos ingleses, o suizos, o vascos (españoles y franceses).

En la pintura aparece el impresionismo, con artistas como los argentinos Martín Malharro (1865-1911) —cuando acierta, quizá el mejor de todos— y Fernando Fader (1882-1935), de escuela alemana, el uruguayo Pedro Blanes Viales, el dominicano Luis Desangles (1862-1937), los mexicanos Joaquín Clausell (1866-1935), Alfredo Ramos Martínez (1875-1947) y Gerardo Murillo, "Dr. Atl", que después se ha encaminado hacia sendas nuevas. Del impresionismo procede el original pintor uruguayo Pedro Figari (1861-1938), uno de los mayores artistas de las Américas. Supo Figari descubrir rasgos distintivos del paisaje sudamericano y evocar escenas de tiempos idos; su sentido del color es exquisito.

## VIII. EL MOMENTO PRESENTE, 1920-1945 *

En el período que comienza alrededor de 1920 se manifiestan en la América hispánica dos tendencias contradictorias: una es la defensa del proletario, que en países como México y el Perú se llama comúnmente "la redención del indio"; otra es la reaparición de las dictaduras, en países que se habían librado de ellas, como la Argentina y el Brasil.

La Revolución mexicana de 1910 tuvo carácter original: es el tercer gran movimiento democrático, después de la Independencia y de la Reforma, en cuyo programa se incluye la rehabilitación de los oprimidos; la Independencia y la Reforma fueron liberales, se inspiraron en principios del siglo XVIII, sostenidos y difundidos en el XIX; la Revolución combina principios liberales con orientaciones socialistas. Su labor teórica culmina en la Constitución de 1917; vienen después sus tareas prácticas desde el gobierno; la repartición de tierras, en ejidos comunales y en pequeñas propiedades; la satisfacción de las demandas del obrero industrial, cuya representación la asume principalmente la Confederación de Trabajadores de México (C. T. M.), bajo la dirección de Vicente Lombardo Toledano (n. 1894; además de orador político es escritor de amplia cultura filosófica, autor de un tratado de *Etica* —1922— y de estudios sobre los fundamentos teóricos del derecho); la nacionalización de los yacimientos de

* La índole misma de este panorama parece hacer innecesaria cualquier pretensión de actualizarlo en puntos de detalle, salvo los contados casos de fechas que el lector advertirá fácilmente [E.].

petróleo (1938); la difusión de la cultura, multiplicando las escuelas de toda especie y las bibliotecas, desde la campaña (1920-1923) de José Vasconcelos en el Ministerio de Educación Pública.

En el Perú, como en México, las reivindicaciones del proletariado figuran en el programa —vasto plan general de reformas sociales— del más avanzado de los partidos, la Alianza Popular Revolucionaria Americana (A.P.R.A.), con propósitos que, según lo indica el nombre, rompen las limitaciones de fronteras; su jefe, Víctor Raúl Haya de la Torre (n. 1895), es, como Lombardo, orador y escritor de sólida cultura filosófica. Antes de que se le permitiera intervenir en tareas legislativas (ocurrió en 1944), el *Aprismo* hizo amplia propaganda de ideas y fundó universidades populares (como después la C.T.M. en México).

La Revolución rusa, que es posterior a la Constitución mexicana, ha influido en toda la América hispánica y ha provocado la formación de partidos comunistas: son numerosos —si se considera que son muy recientes— los del Brasil, Chile, Cuba, la Argentina, el Uruguay, Venezuela, el Perú. Desde mucho antes existían los partidos socialistas: el argentino tiene historia llena de dignidad y de brillo, con Justo, Palacios y Valle Ibarlucea (ya mencionados), con Nicolás Repetto (n. 1871), Mario Bravo (1882-1943), Enrique Dickmann (n. 1874) y Américo Ghioldi (n. 1899). Por su parte, las dictaduras que se llamaron totalitarias, en Italia (1923-1945) y en Alemania (1933-1945), ejercieron influencia en la América hispánica; y tanto la guerra civil de España (1936-1939) como la guerra universal de 1939 conmovieron la opinión, promoviendo contiendas doctrinales.

En las constituciones de muchos países se introducen reformas: en Cuba, por ejemplo, con orientación avanzada. La Constitución brasileña de 1937 representa el retroceso: ha sido la primera de tipo totalitario en América, con supresión del sistema representativo; ahora rige de modo incongruente, con cámaras elegidas en votación popular.[1]

Se ha establecido el voto femenino en Panamá, en Uruguay (1934), en Cuba (1940), en Ecuador, en Santo Domingo (1942); en el Uruguay, en Cuba y en Santo Domingo, por lo menos, hay mujeres en el Congreso. El sufragio femenino existe parcialmente, además, en el Brasil (mujeres que trabajan), en Chile (voto municipal, con elegibilidad: una mujer ha desempeñado el puesto de alcalde de la capital), en el Perú y en Venezuela (voto municipal), en México (sólo en unos pocos Estados). La Constitución salvadoreña y la nicaragüense, ambas de 1939, prometen el voto a las mujeres. La Argentina lo tuvo en la provincia de San Juan, pero se ha suprimido.

Es rápido el crecimiento de la población en la América hispánica desde principios del siglo; se observa sobre todo en las ciudades.

Según los datos recientes, las ciudades de Buenos Aires, Río de Janeiro, México y São Paulo figuran entre las más grandes del mundo, con Londres, París, Berlín, Viena, Moscú, Leningrado, Osaka, Tokio, Shangai, Nueva York, Chicago, Filadelfia y Los Ángeles.

Pasan de un millón de habitantes La Habana y Santiago de Chile, y se aproxima a esa cifra Montevideo; exceden del medio millón Lima, Rosario, en la Argentina, Recife de Pernambuco y San Salvador de Bahía; tienen alrededor de 400,000 Be-

[1] La Constitución brasileña de 1946 tiene una orientación más democrática. (E.)

130

lem del Pará y Porto Alegre en el Brasil, Bogotá, Caracas, Avellaneda junto a Buenos Aires, La Plata y Córdoba; entre 300,000 y 200,000, Valparaíso, La Paz, Guayaquil, Barranquilla y Medellín en Colombia, Quito, y Guadalajara, Puebla y Monterrey, en México. Hay todavía capitales pequeñas: unas que pasan de los 100,000 habitantes: San Salvador, San Juan de Puerto Rico, Guatemala y Asunción: otras que no los alcanzan todavía: Santo Domingo, San José de Costa Rica, Managua y Tegucigalpa.

Es muy amplio el desarrollo de la prensa, que ha invadido todas las poblaciones. Hay diarios de larga vida estable; los más antiguos, en el Brasil, la Argentina, Chile y el Perú. Los principales de Río de Janeiro, São Paulo, Buenos Aires y Santiago son comparables con los mejores de Europa y los Estados Unidos. Las revistas, en cambio, no es común que duren muchos años, pero a veces adquieren gran significación dentro del movimiento literario.

Publicaciones importantes en estos últimos años son la *Revista do Brasil* (desde 1916), en Río de Janeiro, *Fronteiras* (desde 1932), en Recife, y *Plan-Alto* (desde 1941), en São Paulo; *Valoraciones* (1923-1928), en La Plata; *Martín Fierro* (1925-1928), órgano de la literatura de vanguardia, y *Sur* (desde 1930), bajo la dirección de Victoria Ocampo, en Buenos Aires; *Alfar*, en Montevideo; la *Revista Chilena* (1917-1928), en Santiago, y *Atenea*, de la Universidad de Concepción (desde 1923), en Chile; *Kollasuyo*, en La Paz; el nuevo *Mercurio Peruano* (desde 1918) y *Amauta* (1927-c. 1930), en Lima; *Revista de las Indias* (desde 1936) y *Revista de América* (desde 1945), fundadas ambas por Germán Arciniegas, en Bogotá; *Cultura Venezolana* (1918-c. 1927) y *Revista Nacional de Cultura* (desde 1938), en Caracas; la nueva *Revista Bimestre Cubana* (desde alrededor de 1906), órgano de la antiquísima Sociedad Económica de Amigos del

País, la nueva *Revista Cubana* (desde 1935) y la *Revista de Avance* (1927-1930), en La Habana; el *Ateneo Portorriqueño*, de San Juan; *México Moderno* (1920-1922), *Contemporáneos* (1928-1931), *Letras de México* (desde 1937), *Cuadernos Americanos* (desde 1942) y *El Hijo Pródigo* (desde 1941),[1] en México, el *Repertorio Americano* (desde 1920), dirigido por Joaquín García Monge, en San José de Costa Rica; la *Revista de Guatemala* (desde 1945). Deben contarse como revistas los suplementos dominicales de los dos grandes diarios matutinos de Buenos Aires, *La Nación* y *La Prensa*. Existen, finalmente, innumerables órganos de instituciones oficiales y asociaciones privadas.

Las empresas editoriales tuvieron importancia en la América hispánica, especialmente en México, entre 1840 y 1880, pero decayeron después: las ediciones de libros en castellano y en portugués impresas en París, las ediciones españolas de Madrid, Barcelona y Valencia, las ediciones portuguesas de Lisboa, de Oporto y de Coimbra, se impusieron sobre las locales de América. Pero en el siglo XX se recupera la ventaja perdida, y en estos momentos los principales centros de edición se hallan en el Brasil para los libros en portugués y en la Argentina, México y Chile para los libros en castellano.

Las sociedades literarias no alcanzan en estos años la grande influencia que ejercieron en épocas anteriores; pero se constituyen agrupaciones de intereses combinados, en las cuales —es característico— predominan las mujeres: tales, el Lyceum, de La Habana, y la Asociación de Amigos del Arte, en Buenos Aires, que de 1924 a 1942 fue centro activo de exposiciones de pintura, escultura, arquitectura, fotografía y libros, conferencias, lecturas, y de tarde en

---

[1] Cesó de publicarse en 1946. (E.)

tarde novedades de teatro y de cinematógrafo. Son singularmente eficaces las agrupaciones destinadas a la difusión de la música, como Música Viva, en Río de Janeiro, la Sociedad Pro Arte (desde 1918) y la Sociedad de Música Contemporánea (desde 1930), en La Habana, y la Asociación Wagneriana (desde 1913), en Buenos Aires.

En la enseñanza no ha habido innovaciones recientes de gran importancia, pero se mantiene el interés en las novedades, tanto de doctrina como de método, desde John Dewey hasta María Montessori. Abunda la experimentación, que va desde los planes para la adaptación del indio a la civilización occidental, pero conservando todo lo que él logró salvar de las culturas autóctonas, y hablándole, si es necesario, en sus lenguas nativas, como los misioneros del siglo XVI, hasta el ensayo de cultivar en el niño la expresión espontánea, principalmente en formas artísticas: enseñanza de pintura en la escuela indígena de Xochimilco; método de dibujo inventado por Adolfo Best Maugard (1921) con los "siete elementos lineales" del arte azteca y de las artes populares de México; enseñanzas de Jesualdo en el Uruguay, de Olga Cossettini en la Argentina.

El principal esfuerzo de los gobiernos, en el orden de la enseñanza, se dedica a aumentar el número de escuelas, que es la necesidad perentoria; pero, fuera de la Argentina y el Uruguay, mucho falta todavía para llevar la difusión del alfabeto al nivel de los países de mayor cultura. Mientras tanto, las universidades crecen: la de Buenos Aires, por ejemplo, es comparable, en número de alumnos, a las más populosas de los Estados Unidos, y su escuela de medicina es comparable en rigor científico y en equipo técnico a las más avanzadas de cualquier país. Y se desarrollan los centros de investigación. Después

133

de planteles de excepcional importancia, como el Museo Nacional de México, el Instituto de Fisiología de Buenos Aires y el Instituto Histórico y Geográfico del Brasil, se establecen muchos nuevos: tales, el Museo de Antropología, en Lima; el Instituto Nacional de Antropología, en México; el Laboratorio de Ciencias Biológicas, en Montevideo.

El Instituto de Filología de la Universidad de Buenos Aires, fundado en 1923, tiene como director, desde 1927, al filólogo hispano-argentino Amado Alonso (1896-1952); publica, entre otras colecciones, la de Estudios Estilísticos (disciplina en la cual figura Alonso como iniciador en el idioma castellano) y la Biblioteca de Dialectología Hispanoamericana, y además, desde 1939, la *Revista de Filología Hispánica*. Es hoy el centro principal de investigación filológica hispanística en el mundo, y ha dado a conocer, junto con los trabajos del director, estudios importantes de María Rosa Lida, Raimundo Lida, Angel Rosenblat y Eleuterio F. Tiscornia (1879-1945). En la Universidad de Cuyo (Argentina), en Santiago de Chile, en Montevideo y en Bogotá se han organizado institutos que tratan de imitar este modelo.

El Colegio de México reúne a investigadores del país, rigurosamente escogidos, junto con investigadores españoles desterrados. Es interesante recordar, de paso, que la dispersión de los universitarios y escritores de España, con motivo de la guerra civil de 1936, les ha permitido, como compensación, prestar valiosos servicios a la cultura en la América hispánica y señaladamente en México, Colombia, la Argentina, Cuba, Santo Domingo.

En Buenos Aires, el Colegio Libre de Estudios Superiores (desde 1930), que se sostiene merced al esfuerzo privado, ha ofrecido centenares de cursos sobre muy varias materias; ocupan sus cátedras muchos hombres eminentes del país y no pocos de los visitantes distinguidos.

En filosofía, después de las largas campañas para imponer el positivismo, primero, para derrocarlo, después, ha sobrevenido una época de investigación libre y de curiosidad universal. Entre 1910 y 1925, la influencia dominante es la de Bergson; de ahí en adelante se difunden las doctrinas de pensadores alemanes antes poco conocidos (Dilthey, Husserl, Scheler, Heidegger), de pensadores franceses (Meyerson, Maritain, Marcel), rusos (Berdiaeff), ingleses (Whitehead, Russell). A través de Heidegger se descubre al danés Kierkegaard —a quien, por lo demás, Unamuno había descubierto en España a través sicas: Platón, Aristóteles, Plotino, Santo Tomás de de Ibsen—. Ejercen influencia los pensadores españoles: Unamuno, José Ortega y Gasset; posteriormente, el filósofo español que escribe en inglés, Santayana; además, los filósofos de generaciones posteriores que la guerra civil de 1936 arrojó de España. Y se estudian a fondo grandes obras clá-Aquino, Descartes (trabajos de Euryalo Cannabrava y de Ivan Lins en el Brasil; homenajes, al cumplirse el tercer centenario del *Discurso del método*, de las Universidades de Buenos Aires —tres volúmenes—, de la Plata y del Litoral, en la Argentina), Spinoza (estudio de León Dujovne, en cuatro volúmenes, Buenos Aires, 1941-1945), Pascal, Leibniz, Kant, Hegel. Se publican historias y antologías del pensamiento filosófico (Caso y Vasconcelos, en México; Leonel Franca, en el Brasil). Y se estudia la historia del pensamiento en la América hispánica (Samuel Ramos y Leopoldo Zea, en México; Medardo Vitier, en Cuba; Clovis Bevilaqua, en el Brasil; existen trabajos anteriores, y tienen importancia los de Korn e Ingenieros en la Argentina, Emeterio Valverde Téllez en México y Sylvio Romero en el Brasil). Se dedica gran atención a ramas como la lógica (y hasta desarrollos especiales como la logística: trabajos de Lidia Peradotto y del matemático Claro Cornelio Dassen, en la Argentina, de Francisco Miró Quesada, en el Perú), la filosofía de la cultura, la filosofía de la historia, la filosofía del derecho. Y se avanza en los estudios de psicología. Son numerosos y vigorosos los grupos de pensadores originales en la Argentina —donde se destaca sobre todas la figura de Francisco Romero (n. 1891), con sus trabajos sobre "la filosofía de la persona" y sobre "trascendencia y valor"—, en el Brasil, en México y en el Perú.

Con seria disciplina se desenvuelve el cultivo de la ciencia. Ejemplo eminente es el fisiólogo argentino Bernardo Alberto Houssay (n. 1887).[1] Sus trabajos abarcan muchos campos de la fisiología (procesos circulatorio, respiratorio y digestivo, metabolismo, sangre, inmunidad, sistema nervioso); ha concentrado su atención en las glándulas de secreción interna (supra-renales, tiroides, paratiroides, páncreas) y particularmente en la hipófisis, a la cual ha dedicado más de cien escritos; tienen importancia singular sus estudios sobre el papel de la hipófisis en el metabolismo de los hidratos de carbono y su papel como generadora de la "diabetes insípida". Houssay ha formado gran número de colaboradores y discípulos distinguidos en el Instituto de Fisiología de Buenos Aires. Otro ejemplo eminente es el físico mexicano Sandoval Vallarta, cuyo campo propicio es la investigación acerca de los rayos cósmicos. En colaboración con el belga

---

[1] Premio Nobel de Medicina de 1947. (E.)

Lemaître ha formulado una teoría sobre la trayectoria de estos rayos al acercarse a la Tierra: la trayectoria asume forma de espiral cónica bajo la influencia de los polos magnéticos. Sandoval Vallarta ha trabajado en Bélgica, en Alemania y en los Estados Unidos (Massachusetts Institute of Technology); actualmente enseña y dirige investigaciones en su país natal.

Labor distinguida es la del biólogo peruano Carlos Monge, con sus estudios sobre la influencia del clima de altura sobre el organismo humano. Y, en la etnología, la arqueología y la lingüística de los pueblos indígenas de América, los trabajos del argentino Félix Faustino Outes (1878-1939), de los peruanos J. Uriel García y Julio C. Tello y de los mexicanos Manuel Gamio y Alfonso Caso (n. 1896), descubridor de las ruinas de Monte Albán, que ha renovado la interpretación de muchos aspectos de las antiguas culturas de México.

La investigación científica se ha desarrollado tanto, especialmente en el Brasil, la Argentina, México y el Perú, que sería tarea demasiado larga dar cuenta de todas sus fases. Bastará mencionar rápidamente, escogiendo al azar, los nombres del naturalista brasileño E. Roquette Pinto, que ha publicado ensayos sobre la historia de la ciencia en su patria, de los físicos argentinos Enrique Gaviola (n. 1900), J. Cortés Pla y C.A. Offerman, que trabaja en Rusia, del biólogo y médico peruano Juan B. Lastres, del biólogo uruguayo Clemente Estable, del bacteriólogo argentino Alfredo Sordelli (n. 1891), de los botánicos Cristóbal Hicken, argentino (1876-1932), que legó a su país el Museo llamado *Darwiniano;* Lorenzo Parodi, argentino (n. 1895); Carlos E. Chardón, portorriqueño; Rafael María Moscoso, dominicano (n. 1874); Isaac Ochoterena, mexicano; César Vargas, peruano; M. Pio Corrêa, brasileño;

137

del arqueólogo ecuatoriano Jacinto Jijón y Caamaño (n. 1880); de los etnólogos y sociólogos Ulises Pernambucano y Arthur Ramos, en el Brasil, y Fernando Ortiz, en Cuba; del astrónomo argentino Félix Aguilar (1884-1944); del geólogo peruano Carlos I. Lisson.

En literatura, el movimiento modernista empieza a desintegrarse después de 1910: surgen disidencias. La oposición al aristocratismo del período juvenil de Rubén Darío —abandonado después por él mismo— está formalmente representada en el célebre soneto "Tuércele el cuello al cisne", del mexicano Enrique González Martínez (1871-1952), poeta de la meditación y de la serenidad, pulcro y severo en la forma; se presenta además en forma de cuadros de la vida vulgar, en poetas como el colombiano Luis Carlos López (n. c. 1880), el argentino Fernández Moreno (n. 1886) y el mexicano Ramón López Velarde (1888-1921). Otra disidencia la representan poetas vehementes, especie de nuevos románticos: tales, el colombiano Miguel Ángel Osorio (1883-1942), que firmó Ricardo Arenales y Porfirio Barba-Jacob, el argentino Arturo Capdevila (n. 1889), el uruguayo Carlos Sabat Ercasty (n. 1887), y sobre todo las poetisas, las uruguayas María Eugenia Vaz Ferreira (1875-1924), Delmira Agustini (1887-1914) y Juana de Ibarbourou (n. 1895), la argentina Alfonsina Storni (1892-1938) y la chilena Gabriela Mistral (1889-1957), cuya obra llena de nobleza, tanto en verso como en prosa, recibió en 1945 la consagración del premio Nobel.

Ya hacia 1920 se inicia un nuevo movimiento en poesía, que recibirá diversos nombres: ultraísmo, creacionismo, vanguardia. Su originalidad distintiva está en las imágenes, en que comúnmente se asocian de modo inesperado elementos dispares.

Entre los principales poetas que se adelantaron al movimiento o tomaron parte en él se cuentan los peruanos José María Eguren (1882-1942) y César Vallejo (1895-1938), los mexicanos Alfonso Reyes (n. 1889), que se ha distinguido también como ensayista y como investigador de la historia literaria (Grecia y España), Jaime Torres Bodet (n. 1901), que es además fino novelista, José Gorostiza (n. 1901) y Carlos Pellicer (n. 1897), el argentino Jorge Luis Borges (n. 1899), otro agudo ensayista, de gran originalidad, los chilenos Vicente Huidobro (1893-1948) y Pablo Neruda (n. 1904), que hoy ejerce vasta influencia en los jóvenes con su poderosa obra lírica.

Este movimiento de renovación en la poesía de la América española va unido al que en España representaron Federico García Lorca, Jorge Guillén y Rafael Alberti, sin prioridad de España sobre América, como en la era colonial, ni de América sobre España, como en el movimiento modernista de 1880-1890. Otro movimiento semejante hubo en el Brasil, dirigido por Manuel Bandeira (n. 1886) y Mario de Andrade (1893-1945). Los nuevos poetas son fecundos y brillantes.

Mientras la poesía se renueva, la literatura en prosa adquiere formas muy variadas. Las que predominan son el ensayo y la ficción (novela y cuento). Como en los demás países del mundo, el teatro no ha mantenido el empuje que tenía a principios del siglo; ahora los mejores esfuerzos, y en general las obras mejores, se encuentran en los teatros experimentales.

Una parte de la literatura nueva aspira a ser "literatura pura", especialmente en poesía: literatura despojada de todos los fines que no sean estrictamente artísticos, y sobre todo despojada de "anécdota", o sea la referencia a hechos que deban interesar por sí mismos antes que por la manera en que el autor los interpreta. Otra parte de esta literatura, en cambio, trata problemas humanos, ya individuales, ya colectivos: así, en la poesía, Neruda y Vallejo, los indigenistas, defensores del indio, cuya labor comienza con el "¡Quién sabe!" de Chocano en 1913 y llega a la plenitud con poetas como Jorge Carrera Andrade (n. 1903), de Ecuador, y Jacinto Fombona Pachano (n. 1901), de Venezuela, y en parte los autores de *poesía negra*, poesía que canta las alegrías y los dolores de la raza africana en América, principalmente en las Antillas (Nicolás Guillén, n. 1904; Emilio Ballagas, n. 1908; Luis Palés Matos, n. 1898); en el ensayo, el brasileño Gilberto Freyre (n. 1900), autor de escritos breves muy jugosos y de libros admirables, como *Casa-grande y senzala* (1934), que tienen además segura solidez científica, el colombiano Germán Arciniegas (n. 1900), el venezolano Mariano Picón Salas (n. 1901), el cubano José María Chacón y Calvo (n. 1893), los argentinos Victoria Ocampo (n. 1891), Ezequiel Martínez Estrada (n. 1895), original y agudo en su *Radiografía de la pampa* (1933) y en *La cabeza de Goliat* (1940), análisis —respectivamente— de la Argentina y de su capital, Eduardo Mallea (n. 1903), que es además novelista intenso. Esta literatura de ensayos, como la semejante en los Estados Unidos hace unos años, gira en torno del problema de comprender a América. En la novela, hay multitud de autores. Unos presentan al hombre enfrente de la naturaleza salvaje, que influye en ellos, como se ve en *La vorágine* (1924), del colombiano José Eustasio Rivera (1888-1928), en *Doña Bárbara* (1929), del venezolano Rómulo Gallegos (n. 1884), y en cuentos del peruano Ventura García Calderón (n. 1887); otras veces en medio de la naturaleza ya domesticada, como en *Don Segundo Sombra* (1926), del argentino Ricardo Güiraldes (1886-1927). Otros describen el mundo del trabajo, en el campo o en la ciudad, particularmente los novelistas brasileños: Graciliano Ramos (n. 1892), Jorge Amado (n. 1912), José Lins do Rego (n. 1901), Rachel de Queiroz (n. 1912), a la cabeza de grupos numerosos. Muchos pintan la situación trágica del indio, eterno explotado: así en Bolivia, el Perú, Ecuador, México, novelistas tales como Alcides Arguedas (n. 1879), Ciro Alegría (n. 1909), Jorge Icaza (n. 1906), Gregorio López y Fuentes (n. 1895). La Revolución mexicana de 1910-1920 incitó a muchos novelistas: sobresalen Mariano Azuela (1873-1952), con *Los de abajo* (1916), y Martín Luis Guzmán (n. 1887), autor de *La sombra del caudillo* (1930) y de *El águila y la serpiente* (1928), su mejor obra, que parece novela y no lo es, sino autobiografía.

En la música actual de la América hispánica hay dos problemas fundamentales: uno, el de emplear todos los recursos modernos de construcción, tanto melódica como armónica; otro, el de hacer uso de materiales típicos. El problema primero se ha resuelto fácilmente, mediante el estudio de todas las innovaciones en circulación; el segundo admite, y recibe, soluciones diversas, desde la antigua que se limita a transcribir, con o sin adornos, motivos populares, anteriores o posteriores a la Conquista, hasta el procedimiento reciente de inventar formas de expresión que se apoyan en los giros locales, "convirtiendo el tópico localista en elementos de estilo sobre los cuales trabaja el compositor para crear obras de forma independiente, más o menos lejana de las formas populares de origen".

Dos compositores son ya bien conocidos fuera

de la América hipánica: el brasileño Heitor Villa-Lobos (n. 1881) y el mexicano Carlos Chávez (n. 1899). Villa-Lobos, "personalidad desbordante y robusta —dice el musicólogo español Adolfo Salazar—, con espontaneidad de mano y agilidad de mente"; entre sus obras significativas se cuentan los *Choros* y las *Bachianas brasileiras*. Chávez, en su *Concierto para piano y orquesta* (1942), ha realizado, en opinión de Salazar, "algo que puede parangonarse con lo que Falla realizó para España con su *Concierto para clave*". Obras suyas son, además, el poema *Xochipilli-Macuilxóchitl*, para instrumentos indígenas anteriores a la Conquista, el ballet *H.P.* (1932), la sinfonía y música de escena para la *Antígona* de Sófocles (1933) y la *Sinfonía india* (1938).

El cubano Joaquín Nin (n. 1879) es universalmente celebrado por su trabajo de transcripción de la música popular española, antigua y moderna. Muy docto como musicólogo, se le deben excelentes ediciones de compositores clásicos de España.

Junto a ellos, realizan obra importante Juan José Castro (n. 1895), autor de la *Sinfonía argentina*, la *Sinfonía de los campos* y la *Sinfonía bíblica*, Juan Carlos Paz (n. 1897), incansable experimentador, Carlos Suffern, José María Castro y Alberto Ginastera, en la Argentina; Domingo Santa Cruz (n. 1899) y Humberto Allende (n. 1895), en Chile; los veteranos Manuel M. Ponce, Candelario Huízar (n. 1889) y José Rolón (1883-1945), y, entre los más jóvenes, Guillermo Hernández Moncada (n. 1899), Blas Galindo (n. 1910) y el original y brillante Silvestre Revueltas (1889-1940), en México; Guillermo Uribe Holguín (n. 1880), en Colombia; Andrés Sas, en el Perú; Amadeo Roldán (1900-1939), autor de *La rebambaramba*, y Alejandro García Caturla (1900-1940), en Cuba; Camargo Guarnieri (n. 1907), Lorenzo Fernández (n. 1897) y Francisco Mignone (n. 1877), en Brasil.

La mayor parte de estos compositores son buenos directores de orquesta, y señaladamente Juan José Castro y Carlos Chávez; además, el brasileño Burle Marx y el argentino Héctor Panizza, que a su vez son compositores estimables. Panizza ha llevado la batuta durante largos años en la Scala de Milán, en la Metropolitan Opera House de Nueva York y en el Teatro Colón de Buenos Aires.

Intérpretes de fama internacional hay menos que en el siglo XIX. Destácanse como pianistas Angélica Morales, de México; Claudio Arrau y Rosita Renard, de Chile; Guiomar Novaes, del Brasil, y Jesús María Sanromá, de Puerto Rico; como cantantes, las brasileñas Elsie Houston († 1942) y Bidú Sayão, la argentina Isabel Marengo.

Dos célebres bailarinas, ambas desaparecidas ya, Antonia Mercé, "La Argentina", y Encarnación López, "La Argentinita", eran nacidas en América, pero formadas en España. Empiezan a distinguirse bailarinas de formación clásica, como María Ruanova, de Buenos Aires.

La música popular, y la vulgar, nunca han dejado de producir formas nuevas de canción y de danza en la América hispánica. En el presente siglo, Europa y los Estados Unidos han descubierto y adoptado, como danzas, la maxixe y el samba del Brasil, el tango de la Argentina y el Uruguay, el son, la rumba y la conga de Cuba, el pasillo de Colombia. Las canciones se difunden también: pueden mencionarse como ejemplos *¡Ay, ay, ay!*, del chileno Osmán Pérez Freire (1878-1930), y *Siboney*, del cubano Ernesto Lecuona (n. 1895).

La escultura tiene cultivadores distinguidos, y los monumentos públicos se encomiendan ahora, normalmente, a artistas del país donde hayan de erigirse. Sobresale entre los escultores el argentino

Rogelio Irurtia (n. 1879), de técnica magistral y vigorosa; a él se le deben el monumento a Rivadavia, la estatua de Dorrego y el *Canto al trabajo*, todos en Buenos Aires.

La arquitectura, después de los variados ensayos de toda especie de estilos que llenan la mayor parte del siglo XIX y los comienzos del XX, se divide ahora en dos tendencias: la colonialista, que se inspira en los edificios de la época de dominación española y portuguesa; la innovadora, de tipo funcional. Antes, o después, ha habido ensayos independientes, como las casas de los arquitectos Morales y Mata, en La Habana, en piedra blanca con rejería negra y amplias galerías, adaptadas al clima tropical. La tendencia colonialista ha dado sus mejores frutos en México, donde resultaba fácil recoger el hilo de la tradición. Ahora esta tendencia cede ante la funcional, muy activa allí mismo, así como en la Argentina, el Uruguay y el Brasil. Los brasileños construyen edificios de los más audaces y mejor resueltos de la arquitectura contemporánea, como el Ministerio de Educación y Salud y la Asociación de la Prensa. Se concede especial atención a los problemas de la luz y el aire; esos problemas, dice el crítico norteamericano Edward Alden Jewell, "se resuelven con lógica e imaginación verdadera".

De todas las expresiones de la cultura en la América hispánica durante el presente siglo, es la pintura la que ha alcanzado máxima resonancia. La madurez a que había llegado empieza a descubrirse cuando, en 1921, el gobierno de México encomienda a Diego Rivera (1887-1957) y a otros artistas jóvenes la tarea de decorar muros de edificios públicos. Rivera había vivido catorce años en Europa, de preferencia en París, estudiando asiduamente todas las formas del arte moderno y de las artes del pasado. Al llegar a México, dedicó gran atención a las tradiciones locales, tanto a las indígenas como a las de la época colonial y a las populares. No descuidó tampoco a los olvidados pintores del siglo XIX, y ha sido constante defensor de los méritos de José María Velasco. Con su maestría técnica y su visión personal, hizo obra poderosa y brillante; además, hizo de su pintura expresión de la vida mexicana y de sus problemas sociales. Junto a él se destacó pronto José Clemente Orozco (1883-1949), educado exclusivamente en México: reveló una visión profunda y acre de la realidad mexicana, a la vez que sorprendente maestría en la ejecución. Después se reveló David Alfaro Siqueiros (n. 1898), vigoroso y audaz. Multitud de edificios públicos se cubrieron de pinturas murales, y la fama de este movimiento llegó hasta los Estados Unidos y Rusia, países donde se ha invitado a artistas de México para que decoren muros. Según afirman los directores del Museo de Arte Moderno, de Nueva York, la escuela mexicana es la que ha ejercido mayor influencia en el arte de los Estados Unidos durante los últimos veinte años. Muchos otros pintores aparecieron, y aparecen todavía, en México, dedicándose unos a la pintura mural, otros sólo a la de caballete y al dibujo: Miguel Covarrubias (1904-1957), bien conocido en los Estados Unidos por sus imaginativos diseños y sus decoraciones de teatro; Manuel Rodríguez Lozano (n. 1896), Abraham Ángel (1905-1924), Julio Castellanos (n. 1905), Rufino Tamayo (n. 1899), Jesús Guerrero Galván (n. 1910), María Izquierdo (n. 1906), y tantos más.

Mientras en México se producía esta magna revolución, en los demás países de la América hispánica se difundían las orientaciones posteriores al impresionismo. El ejemplo de México, después, estimula el intento de expresar la vida americana en la pintura. Así, en el Brasil, con Cándido Portinari (n. 1903), que ha presentado sus obras en gran número de exposiciones y ha decorado muros en los Estados Unidos. Así, en Ecuador, con Camilo Egas; en el Perú, con José Sabogal (n. 1888), Julia Codesido (n. 1892) y Camilo Blas (n. 1903), que buscan temas en la vida de los indígenas en ciudades y campos.

En el Río de la Plata hay extraordinario movimiento artístico, y aparecen centenares de pintores, sobre todo después que se imponen las orientaciones modernas, a partir de las primeras exposiciones de Emilio Pettoruti (n. 1894), en 1924. La escuela rioplatense tiene como carácter distintivo la pericia técnica, que se observa, por ejemplo, en Miguel Carlos Victorica, Ramón Gómez Cornet (n. 1898), Lino Spilimbergo (n. 1896), Horacio Butler (n. 1897), Antonio Berni (n. 1905), Raquel Forner (n. 1902), Raúl Soldi (n. 1905). Hay gran variedad de tendencias, desde la "pintura abstracta" del uruguayo Joaquín Torres García (n. 1874) hasta la deliciosamente "ingenua" de Norah Borges (n. 1903).

Esta amplia y persistente actividad ha colocado a la América hispánica en la vanguardia de la pintura actual, y, sin disputa, cuatro o cinco de sus artistas figuran entre los grandes del mundo contemporáneo.

# ÍNDICE DE NOMBRES

**151**

153

Pio Corrêa, M., botánico brasileño, 137

Pizarro, Gonzalo (1502-48), hermano del conquistador del Perú, 51

Platón (ca. 427-347 a. c.), 135

Plauto, Tito Maccio (ca. 251-184 a. c.), 65

Plotino, (ca. 205-70), 135

Podestá, José (ca. 1858-1937), empresario uruguayo, 125

Poey, Felipe (1799-1871), zoólogo cubano, 82, 96

Pombo, Rafael (1833-1912), poeta colombiano, 104

Pompeia, Raúl (1863-95), novelista brasileño, 103

Ponce, Manuel M. (1886-1948), compositor mexicano, 126, 142

Ponce de León, José María (siglo XIX), compositor colombiano, 108

Ponce de León, Néstor (1837-1899), filólogo cubano, 95

Pope, Alexander (1688-1744), 64

Porres, Fray Martín de (1569-1639), religioso peruano, 34

Portinari, Cándido (n. 1903), pintor brasileño, 146

Posada, José Guadalupe (1851-1913), dibujante mexicano, 107

Price, Enrique (1819-63), músico colombiano, 109

Prieto, Guillermo (1818-97), escritor mexicano, 84

Propercio, Sixto (ca. 50-15 a. c.), poeta romano, 100

Proudhon, Pierre Joseph (1809-65), político francés 113

Pueyrredón, Prilidiano (1823-.1870), pintor argentino, 83

Queiroz, Rachel de (n. 1912), novelista brasileño, 141

Quesada, Ernesto (1858-1934), historiador argentino, 95

Quesada, Vicente Gregorio (1830-1913), historiador argentino, 95

Quevedo y Villegas, Francisco Gómez de (1580-1645), 25

Quintana, Manuel José (1772-1857), 104

Quintana Roo, Andrés (1787-1851), escritor mexicano, 62

Quiroga, Adán (1863-1904), historiador argentino, 98

Quiroga, Horacio (1879-1937), 1870), pintor argentino, 83 cuentista uruguayo, 121, 124

Quiroga, Vasco de (ca. 1470-1565), Obispo de Michoacán, 35

Ramírez, Ambrosio (1859-1913), escritor mexicano, 100

Ramírez, Ignacio (1818-79), poeta mexicano, 84, 101

Ramírez, José Fernando (1804-1871), historiador mexicano, 83, 98

Ramírez de Fuenleal, Sebastián, Obispo de Santo Domingo, 36

Ramos, Arthur (n. 1903), sociólogo brasileño, 138

Ramos, Graciliano (n. 1892), novelista brasileño, 141

Ramos, Samuel (1897-1959) filósofo mexicano, 135

165

167

169

# ÍNDICE

Este libro se terminó de imprimir el día 10 de julio de 1986 en los talleres de Lito Ediciones Olimpia, S. A. Sevilla 109, y se encuadernó en Encuadernación Progreso, S. A. Municipio Libre 188, México 13, D. F. Se tiraron 5 ,000 ejemplares.

## INTRODUCCIONES CULTURALES

E. Cassirer: *Antropología filosófica*

N. Dufourcq: *Breve historia de la música*

R. Redfield: *El mundo primitivo y sus transformaciones*

T. Veblen: *Teoría de la clase ociosa*

W. J. H. Sprott: *Introducción a la sociología*

K. MacGowan y W. Melnitz: *Las edades de oro del teatro*

E. Bodenheimer: *Teoría del derecho*

F. L. Mueller: *La psicología contemporánea*

O. R. Frisch: *La física atómica contemporánea*

## Obras de interés americano

P. Henríquez Ureña: *Historia de la cultura en la América hispánica*

*Popol Vuh*: *Las antiguas historias del Quiché*

J. Silva Herzog: *Breve historia de la Revolución Mexicana*

P. Rivet: *Los orígenes del hombre americano*

*El libro de los libros de Chilam Balam*

G. Freyre: *Interpretación del Brasil*

F Benítez: *La ruta de Hernán Cortés*

M. Picón-Salas: *De la Conquista a la Independencia*

L. Cardoza y Aragón: *Guatemala. las líneas de su mano*